21세기 청소년 인문학

21세기 청소년 인문학

청소년이 좀 더 알아야 할 교양 이야기

2

강응천 | 김현희 | 김호연 | 박상준 | 손향구 | 신희선 | 양세욱 | 원진호
윤여덕 | 이강영 | 이동학 | 이용훈 | 이호석 | 정용실 | 황임경

청소년이 좀 더 알아야 할 교양 이야기

시작은 미약했습니다. 우연한 기회에 어른들이 청소년들에게 좋은 말을 전해 주는 책을 기획해 보면 어떻겠냐는 이야기가 오고갔습니다. 답답했더랬습니다. 나라 돌아가는 꼴이 어이없었던지라 뜻있는 사람들이 장탄식을 내지를 때였습니다. 만약 이런 식이라면 어른으로서 다음 세대에게 면목 없겠다며 푸념을 늘어놓았습니다. 그래서 일을 저지르기로 했습니다. 우리가 청소년들에게 꼭 전해 주고 싶은 말을 해 보자. 지금 이곳의 상황이 아무리 암담하더라도 그동안 각자의 자리에서 고민하고 대안을 찾고 실천해 왔던 이야기를 해 보자고 했습니다. 그래서 청소년들에게 더 나은 내일을 꿈꿀 수 있는 희망을 전하고 싶었습니다.

뜻을 모으는 방법은 쉬웠습니다. 먼저 페이스북에 이런 뜻을 올려 같이 해 줄 분들을 찾았습니다. 개인적으로 카카오톡으로 부탁도 드렸습니다. 그러자 많은 분이 함께 해 주겠노라 하셨습니다. 놀랐더랬습니다. 다들 바쁘고 해야 할 일이 많은데 흔쾌히 허락해 주어서였습니다. 그때 힘주어 말한 바는 오늘의 청소년들이 꼭 알았으면 하는 교양을 쉽고 재미있게 풀어 달라는 것이었습니다. 살아온 배경도 다르고, 하고 있는 일도 다르고, 전공도 다르니 분명히 풍요로운 글로 꾸며지리라 예상했습니다.

세상이 빠른 속도로 변하고 있습니다. 로봇과 인공지능의 발전은 예상을 뛰어넘었습니다. 일자리를 빼앗는 정도가 아니라 지금까지 보아 온 것과는 너무나 다른 세계를 열어젖힐 게 확실합니다. 이미 오랫동안 사회적 동경의 대상이 되었던 사(士)자(字) 집단, 그러니까 변호사, 의사 등이 몰락하고 가(家)자(字) 집단 그러니까 작가, 예술가 같은 직업이 흥하리라는 예상도 나오고 있습니다. 한마디로 전통적인 공부와 교양으로는 새로운 세상을 준비할 수 없다는 뜻입니다. 다시 신발 끈을 매고 다른 각오로 공부하고 교양을 쌓아야 하는 시대가 온 겁니다.

'꼰대'라는 말이 유행합니다. 가르치려 들기만 하는 기성세대를 겨냥한 풍자적인 말입니다. 그런데 어른이라고 해서 다 그렇지는 않습니다. 간절한 마음으로 자신의 지식과 삶의 지혜를 다음 세대와 공유하고픈 분들도 있는 법입니다.『21세기 청소년 인문학－청소년이 좀 더 알아야 할 교양 이야기』를 보면 다른 무엇보다 이 마음을 우리 청소년들이 알아주리라 믿습니다. 나의 앎이 넓고 깊어지고, 내가 살아야 할 방향을 찾고, 우리 공동체가 나가야 할 길을 함께 고민하고 토론하는 데 좋은 길라잡이가 될 테니까요.

책은 널려 있는데 읽지는 않는다고 걱정입니다. 특히 청소년들은 입시에 대한 부담 탓에 더욱 책을 가까이하지 못합니다. 그래도 시간을 내서 책을 읽어 보길 간절한 마음으로 권합니다. 잘 알

다시피 교양이라는 낱말에는 '경작'과 '형성'이라는 뜻이 담겨 있습니다. 지금 수준에 만족한다는 뜻보다 애를 써서 더 나은 그 무엇이 되려는 열망이 스며 있습니다. 모쪼록 『21세기 청소년 인문학－청소년이 좀 더 알아야 할 교양 이야기』가 여러분들의 열망에 부응하기를 바랍니다.

2017. 4.

글쓴이들을 대신해 이권우

| 차례 |

신희선

충북 청주에서 태어나 초등학교 때부터 중고등학교 시절까지 문예반 활동을 하며 백일장에서 수상을 하다 보니 시인을 꿈꾸기도 했으나, 청주여고 총학생회장을 하며 교장선생님께서 권하신 정치외교학에 매력을 느껴 대학에서는 이를 전공하였다. 좋은 스승과 선배들을 만나 북한과 통일, 여성 문제에 관심을 갖고 학업을 계속 이어가다 보니, 지금은 숙명여대에서 학생들을 가르치는 교수가 되었다. 교양학부 소속으로 읽기와 쓰기, 발표와 토론, 리더십과 의사소통 교과를 담당하고 있으며, 대부분 논문이 이와 관련한 주제들로 쓰여졌다. 강의실 밖에서 '지행합일'의 가치관을 실천하고자 만든 모임으로, 학생들과 함께 책을 읽고 공동체 문제에 대해 생각을 나누는 〈리더십 포럼〉과 한국장학재단의 〈행복한 책읽기〉를 이끌고 있다.

01

'여성답게'가 아니라 '자기답게'

이갈리아, 메갈리아

'이갈리아(Egalia)'라는 국가를 들어 보셨나요? 물론 현실에는 존재하지 않는 나라입니다. 평등주의와 유토피아를 합성한 언어인 '이갈리아'는 소설 속 가상 국가입니다. 노르웨이 페미니스트 작가 게르드 브란튼베르그(Gerd Brantenberg)가 쓴 『이갈리아의 딸들』*의 배경이 되는 이갈리아에서는 남성과 여성의 기존의 성 역할 구도가 뒤바뀌어 있습니다. 전복적 서사를 펼치고 있는 이 소설은 현실에서 너무나 익숙해져 있어 의식하지 못했던 성차별 요소들을 발견하게 합니다. 생물학적 성으로 자연스럽게 내면화되

* 『이갈리아의 딸들』, 게르드 브란튼베르그 지음, 노옥재 외 옮김, 황금가지, pp.1998, 351~352.

고 규정된 것들이 실은 사회 문화적으로 재구성된 젠더의 문제였다는 것이지요.

"결국, **아이를 보는 것은 맨움**이야." 브램이 보고 있던 신문 너머로 아들에게 책망하는 눈길을 던지며 말했다. 그녀가 화를 참기 힘들어 하는 것이 분명했다. "어쨌든, 난 지금 신문을 보고 있잖니." 화가 난 그녀는 다시 신문을 읽었다. "그렇지만 나는 뱃사람이 되고 싶다구요! 난 아기를 데리고 바다에 갈 거예요!" 페트로니우스가 당돌하게 말했다. "그러면 그 아이의 엄마가 뭐라고 하겠니? 안 돼. 인생에는 참아야만 하는 것이 있는 법이야. 때가 되면 너도 알게 될거다. **우리 사회와 같은 민주사회에서도, 모든 사람들이 똑같을 수는 없는 거야.** 그렇다면 엄청나게 지겨울 테지. 삭막하고 울적할 거야." "자기가 되고 싶은 것이 될 수 없는 것이 더 삭막하고 짜증나는 일이에요!" … 여동생이 그를 비웃었다. 그녀는 페트로니우스보다 한 살 반 어렸지만 늘 그를 못살게 굴었다. "하, 하! **맨움은 뱃사람도 될 수 없어. 남자 뱃사람이라니!** 호호! 아니면 너는 아마 선실 보이나 남자 선원, 아니면 남자 타수가 되겠다는 거구나? 아이구, 우스워 죽겠다, 우스워 죽겠어."*

'이갈리아'에서는 아이를 양육하는 일차적 책임이 여성이 아니라 남성에게 있습니다. 여성들이 출산과 육아로 자신의 커리어를

* 앞의 책, pp.13~14.

포기하거나 때로는 경력단절 여성이 되어 사회의 뒷전으로 밀려나는 현실과는 달리, '이갈리아'에서는 오히려 여성들이 적극적으로 사회 활동을 하고 남성이 아이를 보는 책임을 떠맡습니다. 현실을 거꾸로 비틀어 여성들이 당연히 감당해야 할 몫으로 여긴 가사와 육아를 남성이 겪는 문제로 그리고 있지요.

또한 '이갈리아'에서는 성역할만 바뀐 것이 아니라 우리가 사용하고 있는 용어들을 모두 뒤집어 표현하고 있습니다. '이갈리아'에서 '맨(man)'은 '움(wom)'으로 대체됩니다. 여성이 모든 인간을 대표하는 언어로 표상되는 것이지요. 남성을 의미하는 단어인 'man'이 사실상 인간 전체를 지칭하고 있다는 점을 은근히 폭로합니다. 반면 남성은 여성(woman)처럼 '맨움(manwom)'으로 표현됩니다. 이러한 언어의 상징성을 통해 '이갈리아'는 남성 중심 세계를 폭로하고 있습니다.** 언어가 우리의 사고를 지배하고 사회적 실존을 규정한다는 점에서 『이갈리아의 딸들』에서 뒤바뀐 어휘들을 눈여겨볼 필요가 있습니다.

최근 들어 한국 사회는 '메갈리아(Megalia)'라는 웹사이트를 둘러싼 논쟁이 뜨겁습니다. '메갈리아'는 '이갈리아'를 패러디한 표현으로, '여성혐오(女性嫌惡, misogyny)***를 혐오한다'는 주장을 통

** 앞의 책, "새로운 세계, 이갈리아의 용어들", pp.8~9.

*** "여성혐오는 여성에 대한 증오, 멸시, 또는 반여성적인 편견을 의미한다. 이는 성차별, 여성에 대한 부정과 비하, 여성에 대한 폭력, 남성우월주의 사상, 여성의 성적 대상화를 포함한 여러 가지 방식으로 표현된다." 위키백과, 2016.12.16.
https://ko.wikipedia.org/wiki/%EC%97%AC%EC%84%B1%ED%98%90%EC%98%A4

해 여성에 대한 차별과 폭력을 이슈화하고 있는 여성 커뮤니티입니다. 가부장제에 기반한 남성 프레임을 비춰 주는 '미러링(mirroring)' 방식을 통해 '일베'식 표현과 동일하게 자극적인 내용을 쏟아내고 있습니다. 여성을 비하하고 여성에 대한 혐오를 공공연히 드러내어 사회적 논란을 야기시킨 일베를 비판하면서, '메갈리아' 역시 '혐오에는 혐오'로 대항하는 방식을 취하고 있습니다. 그동안 여성을 구속해 왔던 사회적 억압과 제약에 대해 더 이상 침묵하지 않고 되받아치겠다는 것입니다.

이처럼 한국 사회에서 페미니즘을 이슈화시킨 '메갈리아' 논쟁을 통해 여성과 남성의 문제를 어떻게 풀어 가야 할 것인지 함께 생각해 보려고 합니다. 여성을 비하하는 인터넷 용어들이 범람하고 여성혐오 문제가 불거지고 있는 현 상황에서, 여성과 남성이 모두 함께 행복한 사회는 어떻게 만들어 갈 수 있을지가 제가 던지는 질문입니다. 여성 문제는 한 개인만의 특수한 문제가 아니겠지요. "여성혐오가 만연한 한국 사회에서 페미니즘은 생존 문제"*라고도 말합니다. 여성이 여전히 많은 영역에서 소외되고 여성성으로 억압받고 있는 현실을 어떻게 극복해 가야 될까요?

'메갈리아' 사태는 젠더 민주주의가 무엇인지 문제를 제기합니다. 인터넷과 SNS를 통해 확산되고 있는 여성혐오의 문제는 한국 사회에 여성과 남성이 불편하게 불균등하게 동거하고 있는 현

* 〈여성신문〉 뉴미디어팀, [2016 페미니즘 이슈 ⑧] '박근혜·최순실 게이트'와 여성혐오, 여성신문 온미, 2016.12.14., http://www.womennews.co.kr/news/110372

실을 드러냈습니다. 제4차 기술혁명 시대가 도래했음에도 성불평등 문제가 아직도 해결되지 않은 미완의 과제임을 보여 줍니다. 한국 사회 무의식 층위에 가부장적 사고가 남아 있는 상황에서 여성들의 사회 진출이 증가하면서 남성들이 느끼는 불편함과 두려움이 뒤섞여 만들어진 '일베' 분위기가 이를 부추긴 측면도 있습니다. 이제 여성들은 자신들이 알게 모르게 받아 왔던 성차별을 지적하고 평등과 정의를 주장하기 시작했습니다. 차이가 차별로 이어져 위계의 불평등 문화를 만들어 내고 있음을 지적하는 것이지요.

한국 여성의 현실 좌표는?

한국 사회의 주목할 만한 변화는 남성과 여성의 통계 수치에서도 발견됩니다. 2009년부터 여학생들의 대학 진학률이 남학생보다 높게 나타나고 있습니다. 과거 텔레비전 드라마로 인기리에 방영되었던 박진숙 극본의 《아들과 딸》에서 전형적으로 설정된 남녀구도가 무색할 정도입니다. 이란성 쌍둥이로 태어난 아들과 딸의 성장사를 그린 이 드라마는 남아선호 사상이 깊게 뿌리박힌 가난한 집에서 더 총명하고 똑똑한 딸이 귀한 아들에게 밀려 학업을 포기하고 뒷바라지를 해야만 하는 모습을 보여 줍니다. 당시 많은 여성들이 그랬던 것처럼 남동생과 오빠에게 밀려 자신의 삶을 희생해야 했던 모습을 담고 있습니다.

그러나 남성에게 순종하고 헌신하는 여성의 모습을 종용했던 시대는 이제 굿바이인 듯합니다. '알파 걸, 베타 보이'라는 말이 나올 만큼 여학생들이 곳곳에서 두각을 나타내고 있습니다. 사회적으로도 전통적인 남성 영역으로 여겨지던 국방, 공학, 과학기술 분야에 여성 진출이 확대되고, 여성의 권리를 신장시켜 주는 방향으로 법과 정책들이 많은 부분 정비되고 있습니다. 한국 사회에서 여성의 사회경제적 참여가 늘어나고 있지만 정말 남녀의 위상 변화가 진전되고 있는 것일까요?

결론을 먼저 말씀드리면 아직도 갈 길이 멀다고 하겠습니다. 지난 10년 동안의 추이를 보면 여성들의 사회 활동은 50% 초반에 머물러 있습니다. 일을 하고 싶어도 기회가 없고 여성들 대부분이 비정규직에 있습니다. 관리직 비율은 7% 정도이고, 고작 2%만이 고위직 임원으로 승진하고 있는 것이 현실입니다. 여성 대통령이 나왔다고 했지만 이는 아버지의 정치적 유산에 기반한 것이었습니다. 오히려 대통령이 여성이기에 국정 운영의 심각한 문제들이 '여성의 사생활'을 보호해야 한다는 논리 하에 제대로 다루어지지 못했습니다. '여성'을 강조하지만 우리 사회에 얼마큼의 변화를 이끌어 냈는지 공허합니다.

권력의 중심에 여성은 거의 보이지 않았습니다. 이른바 '유리천장'과 '유리벽'이 작동하고 있습니다. 여성에게는 보이는 차별만이 아니라 보이지 않는 관행들이 성장을 가로막고 있습니다. 2015년 3월 〈이코노미스트〉가 발표한 한국의 유리천장 지수는

25.6점(100점 기준)으로 OECD 국가 중에서 꼴찌라고 합니다. 또한 〈세계경제포럼(WEF)〉이 발표한 「세계 성 격차 보고서 2015(Global Gender Gap Report 2015)」*를 보더라도 한국은 0.651로 나타나 145개 조사대상국 가운데 115위를 기록하고 있습니다. 특히 성 격차 지수는 각 분야에서 남성과 여성의 차이를 수치화해서 보여 주는데, 한국의 경우 여성들의 교육 수준에 비해 정치경제적인 위상이 상당히 열악하다는 점을 시사해 줍니다.

'알파 걸'로 명명되었던 우수한 여학생들이 그렇다면 왜 '알파 우먼'으로 성장하지 못하고 있는 것일까요? 시인 문정희는 「그 많던 여학생들은 어디로 갔는가」라는 시를 통해 우리에게 이러한 질문을 던지고 있습니다.** 무엇보다 한국 사회의 성별 분업화가 가져온 문제입니다. 여성들에게 자신보다는 남편과 가정이 우선이고, 자기 성장을 도모하기보다는 가사 일에 충실해야 하는 것이 본분임을 주입합니다. 아래의 시는 여성에게 고착화된 전통적인 이미지가 어떻게 여성을 가두고 있는지를 잘 보여 주고 있습니다.

* 성 격차 지수 1은 완전한 평등, 0은 불평등을 의미하며 이는 정치, 경제, 교육, 보건 4개 분야를 총 14개 기준으로 세분화하여 고찰합니다. 한국은 보건(신생아의 성비, 여성의 건강, 기대수명) 및 교육분야와 경제참여정도(여성 인력의 사회참여, 여성임금의 비율) 및 정치권력을 비교해 볼 때 성 격차가 심각하다는 점을 알 수 있습니다. "한국, 성 격차 지수 115위…인도보다 낮아", 〈한경닷컴〉, 2015.11.19. http://www.hankyung.com/news/app/newsview.php?aid=201511191675g

** 『오라, 거짓 사랑아』, 문정희, 민음사, 2003.

학창시절 공부도 잘하고/ 특별 활동에도 뛰어나던 그녀/ 여학교를 졸업하고 대학 입시에도 무난히/ 합격했는데 어디로 갔는가/ 감자국을 끓이고 있을까/ 사골을 넣고 세 시간 동안 가스불 앞에서/ 더운 김을 쏘이며 감자국을 끓여/ 퇴근한 남편이 그 감자국을 15분 동안 맛있게/ 먹어치우는 것을 행복하게 바라보고 있을까/ 설거지를 끝내고 아이들 숙제를 봐주고 있을까/ 아니면 아직도 입사 원서를 들고/ 추운 거리를 헤매고 있을까/ 당 후보를 뽑는 체육관에서/ 한복을 입고 리본을 달아 주고 있을까/ 꽃다발 증정을 하고 있을까/ 다행히 취직해 큰 사무실 한 켠에/ 의자를 두고 친절하게 전화를 받고/ 가끔 찻잔을 나르겠지/ 의사 부인 교수 부인 간호원도 됐을 거야/ 문화센터에서 노래를 배우고 있을지도 몰라/ 그러고는 남편이 귀가하기 전/ 허겁지겁 집으로 돌아갈지도/ 그 많던 여학생들은 어디로 갔을까/ 저 높은 빌딩의 숲, 국회의원도 장관도 의사도/ 교수도 사업가도 회사원도 되지 못하고/ 개밥의 도토리처럼 이리저리 밀쳐져서/ 아직도 생것으로 굴러다닐까/ 크고 넓은 세상에 끼지 못하고/ 부엌과 안방에 갇혀 있을까/ 그 많던 여학생들은 어디로 갔는가

이렇듯 학창시절 유능하고 똑똑했던 여학생들이 사회에서 제 몫을 다하기 보다는 부엌과 안방에만 머물러 있습니다. 혹은 직장에서는 꽃처럼 보여지거나 소비적인 존재로 여겨집니다. 이는 개인의 문제가 아니라 우리가 같이 고민할 사회적 문제입니다. 여성들의 대다수가 부엌과 안방에 머물고 사회에서 배제되고 있

는 이유를 생각해 보아야 합니다. 여성에게 부여된 '현모양처' 이데올로기가 사회적으로 어떻게 확대 재생산되고 있는지 살펴보아야 합니다. 집안에서 여성에게 기대하는 모습은 사회에서도 그대로 투영되어 엄마 같고, 이모 같고, 누이 같은 존재로 인식되고 있습니다. 여성들에게 '여자답게'가 아니라 '자기답게' 살아가는 미래는 불가능할까요?

우리는 쉽게 남녀 구분 없이 능력에 따라 대우받는 사회가 되었다고 합니다. 그러나 여성들이 사회적 억압을 느끼고 자유롭지 않았다면, 어느 한 성에 유리한 문화가 지금도 잔존하고 있다면 아직은 갈 길이 먼 것이겠지요. 일상에 숨어 있는 젠더의 문제가 공론의 장에서 논의될 수 있도록 해야 합니다. 양성이 평등한 민주사회를 만들어 가기 위해 무엇보다 여성들 스스로가 문제를 바라만 보는 관객이 아니라 주체로 나서야 합니다. 평등 사회라는 허위 의식을 깨고 여성으로서 주어진 모습에 순응하는 것이 아니라 문제 제기를 하면서 자기답게 당당히 살 수 있는 여건을 만들어 가야 합니다. 이를 위한 '자기만의 방'은 중요한 의미가 있습니다.

'자기만의 방'을 통해

"여성이 픽션을 쓰고자 한다면 '돈'과 '자기만의 방'이 있어야 한다." 버지니아 울프(Virginia Woolf)는 『자기만의 방』(*A Room of one's own*)에서 말합니다. 1929년 이 책이 나오던 시기에 여성들의 삶에

'돈'은 어떤 의미였을까요? 또 책의 제목이 된 '자기만의 방'은 어떤 공간을 일컫는 것일까요? 여성이 글을 쓴다는 것은 남성과는 다른 좀 더 특별한 의미가 있는 걸까요? 여성이 자기답게 잘 살아가려면 무엇이 가장 절실한 문제일까요?

버지니아 울프가 일 년에 500파운드의 돈과 자기만의 방을 강조한 배경에는 여성을 바라보는 시대적 상황이 반영되어 있습니다. 재능이 있는 여성이라도 남성들처럼 편안하게 '잔디밭'을 걷지 못하고 '자갈길'을 갈 수밖에 없었던 사회였던 것이지요. 따라서 여성이 어느 누구에게도 방해받지 않는 독립적인 공간에서 책을 읽고 글을 쓴다는 것은 사실상 쉽지 않은 일입니다. 지금도 여성들이 사회적 시선을 의식하지 않고 자신의 목소리를 강하게 내는 글을 쓰는 일이 쉽지 않은 것을 생각해 본다면, 남성과 동등하게 교육조차 받지 못했던 당시 여성들의 상황을 짐작해 볼 수 있습니다.

여성들에게 집 안 곳곳의 장소들은 가사와 육아를 수행하는 노동의 공간입니다. 자아를 성찰하고 스스로 새로운 꿈을 꿀 수 있는 곳은 사실상 부재했습니다. 여성이 자기를 인식하는 일의 시작으로 울프는 돈과 방을 가져야 가능하다고 본 것이지요. 재산을 소유할 수도 없고 경제적으로 낮은 지위에 있는 여성들이 남성 중심의 사회에서 무언가를 하려면 이 두 가지가 결정적이라고 본 것입니다. 왜냐하면 방과 돈은 권력을 의미하기 때문입니다. '자본'과 '권력'에 굴절되지 않고 진정한 자유를 가져야만 여성도

자기 글을 쓰며 자기다운 삶을 살 수 있다고 생각한 것이지요.

여성의 삶에 영향을 미치는 물질적 조건은 세상을 바라보는 방식에도 영향을 줍니다. 경제적 독립이 선행되지 못하면 사실상 정신적인 독립도 어렵습니다. 칼 마르크스(K. Marx)가 직시한 것처럼 토대가 의식을 결정하기 때문일까요? 자신의 삶을 성찰하는 심리적인 공간은 물적 조건인 방과 돈을 확보해야만 가능할 수 있다고 보았습니다. 이런 점에서 자신만의 방을 갖지 못했던 과거 여성들은 사회에서 자신의 목소리를 낸다는 것이 거의 불가능했습니다. 서재를 갖지 못하고 부엌에만 머무는 여성이 자신의 생각을 표현하는 것에는 많은 제약이 따릅니다. 따라서 여성을 억압해 온 여러 사회경제적 요인을 폭로하는 글을 쓰는 것은 상당한 용기가 필요한 일이었습니다. 남성의 시선을 통해 바라보고 세상을 인식해 왔던 것에서, 여성이 '자기만의 방'을 통해 세상과 소통하는 일은 코페르니쿠스의 전환과 같은 거대한 시작이라고 하겠습니다.

여성이라는 제약을 극복하고 남성에 대한 공포와 두려움을 느끼지 않고 쓴 작품의 출현을 보게 된다. 남성들이 그려 낸 정형화된 여성이 아니라 여성들의 실제 리얼한 세계를 그려 내기 위해 글을 쓰는 여성들이 대단한 용기와 성실성을 가지고 사회적 금기와 관습적 인식을 부단히 넘어서야 한다. 앞으로 백 년만 지나면 여성은 자신의 생각을 여실하게 표현할 수도 있고 시인이 될 수도 있는 날이 도래할 것이다.*

궁극적으로 '자기만의 방'은 우리가 스스로 생각한 것을 정확하게 표현할 수 있는 용기와 자유의 습관을 키우게 할 것입니다. 여성들도 자신을 위한 시간과 공간을 확보함으로써 내면을 확장하여 타자의 시선으로부터 자유로운 공간, 자신의 생각의 밀도를 충실하게 채워 갈 수 있는 기회를 갖는 것이지요. 글을 읽고 쓰는 과정을 통해 자기 자신과의 만남이 선행되어야만 타자와의 진정한 소통이 가능하게 되겠지요. 그런 점에서 책을 읽고 글을 쓰는 일은 여성들에게 더욱 절실하게 요구됩니다. 자기만의 방에서 세상을 이해하고 만나는 접점에 읽기와 쓰기가 존재합니다.

책을 읽고 글을 쓴다는 것

책 읽기와 관련하여 먼저 여학생들이 닮고 싶은 롤 모델이 된 한비야의 말이 떠오르네요. 한비야는 자신의 서재를 '사고뭉치'라고 명명합니다. 고등학교 시절부터 매년 100권이 되는 책을 읽어 온 습관과 책 읽기 경험이 주는 즐거움을 말합니다. 세계 곳곳, 특히 오지를 여행했던 경험을 글을 통해 보여 주며 인기 작가가 되었지만, 그 시작은 독서라는 간접 경험을 통해 이루어졌음을

* 『자기만의 방』, 버지니아 울프 지음, 이미애 옮김, 예문, 2002, p.163.

보여 줍니다. 한비야는 "이 세상을 모두 도서관으로 만들고 싶다"며, 서로 책을 권하며 나누는 〈1년에 100권 읽기 운동본부〉의 본부장이 되고 싶다고도 합니다.

제 서재는요, 사고뭉치예요. 생각을 많이 하게 해 주는 곳이고 상상의 나래를 펴게 하는 곳이기 때문이에요.… (책이) '재미있게 읽으면서 저절로 지식과 교양을 쌓고, 다른 사람들을 이해하는 데 도움이 되는 것'이라고 알게 될 거예요. 이렇게 골고루 재미로 읽은 책이 경험의 스펙트럼을 확 넓혀 주게 될 거예요. 그렇다고 해서 꼭 먹어야 하는 거, 좋아하진 않지만 꼭 먹어야 되는 것도 세상에 있다는 것도 잊으면 안 돼요. 아니면 이빨 다 빠져요, 말랑말랑한 것만 먹으면.*

한비야는 책의 "첫 페이지를 펼 때와 맨 마지막 페이지를 닫을 때 다른 인간이 될 수 있는" 것으로 책 읽기의 의미 있는 변화에 주목합니다. 또한 그저 읽기 쉬운 편한 책이 아니라 우리 삶에서 필요하고 중요한 책들을 찾아 읽으면서 자신의 경험의 스펙트럼을 넓혀 가라고 합니다. 한비야의 삶을 키워 간 도전의 베이스캠프이자 보다 넓은 세상으로 나서게 했던 동력은 결국 독서였음을 알 수 있습니다. 책을 통해 성장하고 자신의 경험을 공유하기 위

* "한비야의 서재는 사고뭉치다", 〈NAVER〉 "지식인의 서재" 동영상 자료,
http://navercast.naver.com/contents.nhn?rid=254&contents_id=53460

해 글을 쓰는 작가가 되었던 것이지요. 이처럼 한비야를 통해 읽기와 쓰기는 순환론적이고, 책을 읽는다는 것은 자신의 세계를 탄탄히 만드는 일임을 발견합니다.

'사람이 책을 만들지만 책이 사람을 만든다'고 하지요. 흔들리는 세상에서 조금은 덜 흔들릴 수 있도록 삶의 버팀목이 필요할 때 책에 깊숙이 몰입하며 길을 찾아보는 것입니다. 책 읽기는 우리가 제대로 삶을 살 수 있게 하는 구심력으로, 일상에서 일희일비하지 않고 삶의 본질과 의미를 마주하는 성찰의 시간을 제공합니다. 결국 자신의 삶을 주체적으로 이끌어 가는 힘이 책 읽기에서 키워질 수 있습니다.

그러나 과거 여성들은 책을 읽을 시간이 거의 없었습니다. 여성에게 독서는 또 하나의 사회적 금기였습니다. 책을 읽는다는 것은 다른 세계로의 탐색과 진입을 의미하는 것입니다. 여성들이 문자를 익히고 또 독서를 한다는 것은 남성들의 지적인 영토를 잠식하는 일로 여겨졌던 시대가 있었습니다. 그래서 여성들이 독서할 수 있는 기회를 주지 않거나 책을 읽는 일을 폄하하기도 했습니다. 슈테판 볼먼(Stefan Bollmann)이 쓴 『책 읽는 여자는 위험하다』라는 도발적인 책의 제목은 여성과 독서의 관계와 그러한 역사에 대한 비판적 성찰을 유도합니다.

18세기에는 여전히 많은 소설의 표지에 실과 바늘이 끼워져 있었다. 여자에게 그녀 자신의 본분이 무엇인지를 상기시키기 위해서였다. 여자의 본분은 책을 읽는 것이 아니라, 가정의 질서를 유지하는 것이었다. 독서는 시간 낭비이자 돈 낭비이다.*

그렇다면 여성들이 어렵사리 책을 읽게 되면서 나타난 중요한 사회적 변화는 무엇일까요? 슈테판 볼먼은 "책을 읽는 여자는 어떤 사람도 들어올 수 없는 자신만의 자유 공간을 획득했을 뿐만 아니라, 그것을 통해 독립적인 자존심 또한 얻게 되었다"**고 말합니다. 즉 여성들이 책을 읽는 일은 여성에게 부여된 관습과 통제에서 벗어나 자신만의 자유로운 공간을 만드는 일이라는 것이지요. 이를 통해 남성들의 세계상과는 다른 자기 나름의 자의식과 세계를 형성하는 것이라고 합니다. 텍스트를 읽을 수 있는 능력은 자신의 생각을 키우는 첫걸음을 내딛는 일입니다. 그런 점에서 여성이 책을 읽는다는 것은 남성의 거울로서 역할을 해 왔었던 것에서 벗어나는 것이자, 자유로운 개별적 존재로서 세상을 바라볼 수 있게 되었음을 의미하는 것입니다.

지금은 당연하게 생각되는 일들이 여성이라서 불가능했던 시대가 있었습니다. 현재에도 남아 있는 여성 문제에 대해서도 비판할 수 있는 내적인 힘도 책을 통해 키우게 됩니다. 여성이 차별대우를 받는 것을 알았기에 더 이상 침묵하고 있어서는 안 되겠

* 『책 읽는 여자는 위험하다』, 슈테판 볼만 지음, 조이한·김정한 옮김, 웅진 지식하우스, 2007, p.260.

** 위의 책, p.27.

다는 생각도 갖게 합니다. 결국 여성들이 책을 읽으며 가진 문제의식이 변혁으로의 실천을 이끌게 되는 것입니다. 무엇보다도 책 읽기는 상상력을 키워 줍니다. 자신의 경험 밖의 세상과 만나며 타인의 삶을 상상하고 행간을 통해 진실을 읽는 능력을 갖게 됩니다.

소설은 독자로 하여금 다양한 종류의 사람들의 입장에 서게 하고 또 그들의 경험과 마주하게 한다. 좋은 문학 작품은 격렬한 감정을 불러일으키고 불안을 야기하며 당혹스럽게 만든다. 전통적인 경건함에 대한 불신을 조장하고, 자신의 생각과 의향을 자주 맞닥뜨리게 되는 고통을 가져다준다.***

마사 누스바움(Martha C. Nussbaum)이 『시적 정의』에서 강조했듯이, 소설을 읽으면서 문학적 상상력과 공적인 삶을 연결 짓고 통찰력을 갖게 됩니다. 소설을 읽음으로써 우리는 허구이지만 자신이 속한 사회의 사람들에 대해 많은 것을 생각하게 됩니다. 주인공이 처한 상황에 공감하고 분노하면서 깊게 그 문제를 인식하는 과정에서 진실을 발견하게 되는 것이지요. 버지니아 울프도 허구는 사실보다 더 많은 진실을 내포한다고 했던 것처럼 말이지요. 결국 책 읽기는 자신을 읽는 것에서 시작하여 결국 세상을 보다

*** 『시적 정의』, 마사 누스바움 지음, 박용준 옮김, 궁리, 2013, pp.32~34.

정확하게 읽게 하는 셈입니다.

이제 누구나 글을 쓰는 세상이 되었습니다. 인터넷 블로그나 SNS 매체를 통해 손쉽게 자신의 생각을 남길 수 있는 시대입니다. 그러나 자신의 일상을 과시하고 감정을 가볍게 배출하는 글쓰기가 범람하면서 성찰과 소통의 글이 더 아쉬운 현실이기도 합니다. 언제든 접속하여 글을 남길 수 있지만, 자신의 생각을 글로 표현하는 일은 두렵고 부담스러운 일이기도 합니다. 특히 어떤 문제에 대해 제대로 생각해 본 적이 없거나 미처 자신의 생각이 여물지 못했을 때 글쓰기는 쉽지 않습니다. 혹은 글쓰기는 아무나 쓰는 것이 아니라 식자의 일이라는 무관심과 엄숙주의도 글쓰기를 가로막습니다. 이런 강박관념에서 벗어나 일상에서 자신이 느끼고 생각한 것을 자유롭게 피력하는 글쓰기가 요청됩니다. 우리가 사는 세상과 진지하게 마주하는 방법으로써 글쓰기를 생활화하는 것입니다.

글쓰기는 우리 사회의 문제들을 수면 위로 부각시킵니다. 보다 나은 세상을 위해 서로의 생각을 나누는 과정이 글쓰기에서 비롯됩니다. 글을 쓰다 보면 자신이 왜 그 문제에 천착하고 있는지 본인의 생각을 객관적으로 들여다보고 사회 현상에 대해서도 좀 더 깊게 고민해 보게 됩니다. 막연하거나 피상적이었던 인식이 글쓰기를 통해 구체화되는 것이지요. 또 우리를 고통스럽게 하는 것의 이유를 찾아보면서 어떻게 문제를 해결해 가는 것이 좋은지를 생각해 보게 됩니다.

쓰기는 보이지 않은 독자와 소통해야 하기에 더욱 체계적이고 논리적인 구성이 필요합니다. 그런 점이 우리로 하여금 글쓰기를 어렵게 느끼고 부담스럽게 만들어 왔습니다. 이를 극복하기 위해서는 글쓰기를 추상적으로 인식하지 않고 '왜' 쓰고 싶은지 스스로에게 질문을 던져 보는 과정이 필요합니다. 그 글을 꼭 써야만 하는 이유가 있어야 자신의 목소리를 담은 글이 쓰여질 수 있기 때문입니다. 소설가 은희경은 '왜' 쓰고 싶은지를 알면 '무엇을' 쓰고 싶은지도 또 '어떻게' 써야 할지도 알 수 있다고 강조합니다. 세상에 대한 질문이 글의 시작이라는 것이지요. 질문하는 능력이 진짜 자신의 생각이 담긴 글을 쓰게 하는 힘이라고 합니다. 매끄럽고 수려하게 잘 쓰려는 욕심에 앞서서 '왜' 글을 쓰고자 하는가는 질문을 던져 자신의 내면의 소리와 만나는 과정이 전제되어야 타인을 움직이는 글을 쓰게 된다는 것이지요.

제가 어릴 때부터 글짓기를 좋아했고, 문학소녀 시절을 보냈고, 국문학과에 갔고, 거기서도 많은 글도 쓰고 했지만, 그때는 왜 소설가가 못 되었는지 생각해 보면 저는 세상에 대해 별로 할 말이 없었던 것 같아요. 그것은 세상에 대해서 질문이 별로 없었다는 얘기에요.… 물론 글솜씨를 가지고 뭔가를 써 보기도 했어요. 하지만 결국 그런 것은 남의 흉내이거나 아니면 내가 가지고 있는 어떤 형태의 허영심의 발로였을 뿐이지, 내가 진정 하고 싶고, 궁금하고, 나의 고통에 대해서 누군가에게 공유하고 싶다는 간절함은 없었던 것 같아요. 그래서 지금이라도 쓰시려고 하는 분들에게 저는 왜 쓰려고 하는지 그것부터 한 번 생각해 보라고 하고 싶고, 그러면 뭘 쓰고 싶은지도 생각이 날 것 같아요.*

우리는 지속적인 배움을 통해 진정한 나와 만나고 성숙한 시민으로 성장합니다. 자신이 깨닫고 배운 바를 글쓰기를 통해 전달하면서 공동체에 책임을 갖고 참여하는 것입니다. 서로의 생각을 표현하고 공유하는 과정에서 더 나은 세상을 만들어 갈 수 있습니다. 여성 문제 역시 글쓰기를 통해 세상 밖으로 나와야 합니다. 성차별적인 언어 이데올로기를 해체하는 일은 다른 언어를 통해 표현되어야 합니다. 여성운동가 프리단(Friedan)이 지적한 것처럼, 그동안 많은 여성 리더들이 남성적 리더십 모델과 남성의 가치 및 행동 양식을 따르며 여성으로서는 침묵해 왔습니다.

그러나 이제는 여성 자신의 언어로 목소리를 낼 필요가 있습니다. 여성의 주류화(gender mainstreaming)는 단순히 기존 사회구조에 여성을 통합시켜 여성의 참여 비율을 높이는 것이 아닙니다. "사회 구조 자체를 평등하게 바꾸어 남녀 간의 관계를 새롭게 체결하는 것"에 궁극적인 목적이 있습니다. 그런 점에서 성 평등한 사회 문화를 만들어 가기 위해서는 여성주의적 시각과 마인드를 갖춘 글들이 많이 나와야 합니다. 기존의 사회 통념을 추수하거나

* "은희경의 서재는 먼 나라의 공항이다", <NAVER> "지식인의 서재" 동영상 자료
http://navercast.naver.com/contents.nhn?rid=254&contents_id=53478&leafId=254

소극적으로 관망하지 않고 젠더적 관점을 갖고 여성 문제에 대해 말하고 글을 써서 여론을 환기시키는 접근 말입니다. 여성들이 겪고 있는 불평등한 현실을 비판하고, 더 나은 공동체를 꿈꾸며 변화에 기여할 수 있는 의식 있는 글쓰기가 그래서 더 필요하고 중요합니다.

'자기답게' 살아가는 세상을 위해

언론에 비춰지는 성공한 여성을 보면서 이제 우리 사회가 평등한 사회로 접어들었다고 자신 있게 단정할 수 있을까요? 각종 시험이나 고시에서 실력으로 승부하는 경우 여성 합격률이 높은 것과는 달리, 여전히 취업 및 노동시장에서 여성들이 고전을 면치 못하는 원인은 어디에 있을까요? 여성들의 노동 환경과 일자리 조건이 남성보다 열악하다는 진실은 여성만의 문제인가요? 이는 기회의 평등이 결과적 평등을 구현하지 못하는 현실을 보여 줍니다. 이른바 '기울어진 운동장'에서 여성들은 제대로 실력을 발휘할 수 없고 공정하게 평가받지 못하고 있습니다. 취업시장 문턱이 여성에게 더 높고 애써 들어간 직장에서 승진의 기회도 제한되고 벽에 부딪쳐야만 된다면, 출산과 육아의 부담은 여전히 여성 몫이라면 여성의 사회적 성장은 쉽지 않습니다.

물론 이전처럼 여성들이 눈에 띄게 차별을 당하지는 않습니다. 그러나 남성 중심적인 사회문화 속에서 알게 모르게 불평등을 경험하고 여성의 역량은 저평가되고 있습니다. 대기업 임원 수, 남녀 간 연봉 차이를 비롯하여 중요한 정책 결정을 하는 권력 자원을 가진 여성 리더가 드문 것이 한국 사회의 여전한 현실입니다. 전체적으로 여성 인력의 활용도도 낮고, 스스로 최고의 위치에 오른 여성도 여전히 적은 상황입니다. 고정된 성역할 규범이 작동하고 있어 여성이 조직의 리더로서 성장하는 것을 초입부터 방해하고 있습니다. 가부장적 문화에서 헤게모니를 가진 남성들이 차별 구조를 공고히 하기 위해 여성다움의 신화를 계속해서 만들어 내고 있습니다. 추상적인 양성평등 원리가 현실의 성불평등 문제를 개선하는 데 역할을 감당하지 못하고 있습니다.

프렌겔(Prengel)은 '평등한 차이와 다양성'의 개념을 강조합니다. 평등을 지향하되 성 차이를 인식하며 세상을 바꾸어 가는 것입니다. '평등이 없는 차이'는 사회적 위계질서를 강화하며 경제적 착취를 강화하는 구조를 가져올 수 있고, '차이가 없는 평등'은 순응과 획일화, 타자를 배척하는 논리에 함몰될 수 있기 때문입니다. 따라서 평등과 차이의 변증법적 관계에서 젠더적 감수성을 갖고 글을 쓰고 대화하면서 지금과는 다른 세상을 만들어 가는 것입니다. 여성이 책을 읽고 글을 쓴다는 것은 보다 책임감 있는 자세를 갖고 남성 중심적인 사회에 균열을 내는 일입니다.

궁극적으로 상생과 평화와 공존의 가치가 구현된 공동체 건설을 위해서는 자신의 삶의 중심 장소인 '자기만의 방'이 필요합니다. '자기만의 방'에서 자신을 성찰하고 자기다움을 만들어 가는 데 읽기와 쓰기는 중요한 자원입니다. 여성이 어떻게 세상을 읽고 생각을 나누며 글을 쓰는가, 어떤 언어로 표현하고 드러내는가가 중요합니다. 앎과 배움의 과정에는 개인적, 사회적 성장이 모두 포함됩니다. 자기만의 방을 너머 사회 문제로 시선을 확장해 가고 보다 나은 세상을 만들어가는 여정에 책을 읽고 글을 쓰는 일이 혁명의 씨앗이 됩니다. 독립적인 존재들이 '따로 또 같이' 모여 서로 연대를 통해 세상의 변화를 만들어 가기 때문입니다.

행복한 삶은 속도가 아니라 올바른 방향이 판가름합니다. 여성과 남성이 더불어 살아가는 세상은 여자다움과 남자다움의 덕목을 주입하는 곳이 아닙니다. 여성이기 때문에 '여자답게'가 아니라 남성도 '남성답게'가 강요되는 것이 아니라 각 개인의 자율성을 존중받는 '자기답게' 살아갈 수 있는 곳이 평등한 세상입니다. 여성혐오를 혐오하는 것을 너머 여성과 남성이 공존하며 더 행복한 사회를 만들기 위해 문제를 풀어 가는 실천적 지혜가 필요합니다. 파울루 프레이리(Paulo Freire)가 "모든 사람은 각자 자신이 처한 세계에서 존재하는 방식을 비판적으로 인식할 수 있는 힘을 계발해야 한다. 세계를 정태적 현실로써가 아니라 변화 과정의 현실로서 파악해야 한다"고 한 것처럼, '자기답게' 살기 위해서는 무엇보다 우리 사회 현실을 정확히 직시하는 힘을 키울 필요가 있습니다. 책을 읽고 글을 쓰며 자신의 생각을 나누는 일이 그 시작이 되어야 한다고 믿습니다.

이호석

싱어송라이터

홍익대학교 기계·시스템디자인공학과 졸

영화《소중한 날의 꿈》OST 참여

이소선 여사 다큐멘터리《어머니》OST 참여

2017 한국대중음악상 장르분야 최우수 포크 음반 노미네이트《이인자의 철학》

발표앨범《하와이》2011,《남몰래 듣기》2012,《귀를 기울이면》2013,《이인자의 철학》2016.

02

남들과 다른 꿈

"너 커서 뭐가 될 거니?"

한 어른이 놀이터에서 모래 놀이를 하던 아이에게 묻는다. 그냥 상투적인 질문이다. 궁금해서 물어본 게 아니다. 그러나 아이는 진지해진다. 엄숙한 표정으로 에디슨 같은 훌륭한 과학자가 될 거라고 말한다. 그러고 나서 모래 한 줌을 움켜쥔다. 마치 이 모래가 만물의 근원이라도 되는 것처럼. 이 아이는 언젠가 똑똑한 아이들이 나와 퀴즈를 푸는 텔레비전 프로그램을 본 적 있다. 거기서 어떤 문제든 척척 맞히는 아이를 봤다. 우승 트로피를 거머쥐며 "저의 장래 희망은 과학자입니다"라고 말했다. 아이는 생각했다. 과학자란 텔레비전에서나 볼 수 있는 특별한 사람만 될 수 있는 거구나. 과학자란 정말 거대한 꿈이구나. 그때부터 아이의 꿈은 과학자였다.

"무슨 일 하시나요?"

처음 보는 사람이 직업이 뭐냐고 묻는다. 나는 버릇처럼 음악 '쪽' 일이라고 대답한다. 그는 조금 근심 어린 표정이 된다. 질문은 돌아온다. "음악 쪽에서 어떤 일을 하시나요?" 나는 인디 싱어송라이터(Indie Singer-songwriter)라고 말한다. "아 가수세요?"라는 질문으로 다시 돌아온다. 여기서부터는 긴 설명이 필요하다. "싱어송라이터는 가수와 조금 차이가 있어요. 가수는 대부분 다른 작곡가의 곡을 부를 때가 많죠. 기타나 피아노처럼 자기 목소리를 하나의 악기처럼 다뤄요. 노래가 전문인 음악가라 할 수 있죠. 싱어송라이터는 이름대로 가수와 작곡을 겸하는 음악가예요. 거기다 작사와 연주를 더해 작사, 작곡, 연주, 노래를 혼자서 담당하는 경우가 많죠. 어디선가 기타나 피아노를 치며 노래하는 사람 본 적 있죠? 그런 사람이 싱어송라이터일 확률이 높아요." 알고 있다. 내가 아무리 말해 봤자 이 사람은 나를 가수라고 생각하고 있다.

사람은 자신이 알고 있는 언어를 벗어나 사고하지 못한다 하였다. 그래서 아무리 설명해도 '그러니까 가수인 거잖아…'라고 생각한다. 가수는 노래를 아주 잘 부르는 사람이고, 싱어송라이터는 자신이 작곡한 노래를 직접 부르기 때문에 가창력보다는 개성이라고. 마치 변명처럼 이 점을 유난히 강조해서 설명한다. 그래도 요즘은 음악 오디션 프로그램 덕분에 싱어송라이터를 이해하는 사람이 많아졌다. 텔레비전을 보며 가창력 있는 참가자보다 나름 개성 있는 참가자에게 후한 점수를 주기도 한다. 그런데 나는 아까 분명 인디 싱어송라이터(Indie Singer-songwriter)라 말했다. 인디? 인디는 또 무어란 말이냐. 측은한 표정의 질문자는 아직 개운한 대답을 듣지 못했다.

고레다 히로카즈 감독의 영화《진짜로 일어날지도 몰라 기적》에 등장하는 어린 두 형제의 대화이다.

"형 인디가 무슨 뜻이야?"
"음 글쎄, 좀 더 열심히 해야 한다는 뜻 같은데?"

형제의 아버지는 그다지 유명하지 않은 인디밴드를 한다. 음악을 한답시고 직장을 그만두고 가정도 잘 돌보지 않다가 이혼까지 당했다. 형은 엄마에게 동생은 아빠에게, 어쩔 수 없이 둘은 따로 살게 되었다. 따라서 형이 내린 인디의 정의는 현명하다.

사전에서 인디란 말을 찾아보면 이렇게 나온다. '영화 · 음반 제작에서, 독립 프로덕션으로서 소규모의 예산으로 활동하는 회사. 또는 거기서 만들어 낸 영화나 음반'. 즉 인디(indie)란 인디펜

던트(independent)의 약자, 독립이란 뜻이다. 대규모 예산이 들어가면 그만큼 큰 성공을 거두어야 하므로 대중적이고 안정적인 제작을 해야 한다. 반면 인디는 창작자가 독립적으로 예산을 마련하거나, 상대적으로 소규모 자본으로 제작하기 때문에 보다 공격적이다. 자본으로부터 간섭을 덜 받아 창작자가 자신의 작품 세계를 마음껏 펼칠 수 있다. 따라서 대중성보다는 다양성과 개성이 드러난다. 이 독립이란 뜻의 인디는 게으름과 유의어로 통할 때가 있다. 예술 하는 사람은 자기 멋대로 산다는 고정관념과 성공하지 못한 사람은 게으르다는 사회적인 인식은 독립 제작자의 피할 수 없는 숙명이다. 또한, 인디의 개념도 사용하는 사람마다 제각각이다. 장르 영역과 활동 범위가 방대하고 특유의 독립적인 성향 때문에 한 집단으로 묶기 힘들다. 그래서 한마디로 정의하기도 어렵다. 음, 앞으로 누가 직업을 물을 땐 그냥 싱어송라이터라 대답해야겠다. 서로를 위해서 인디라는 말은 빼는 게 좋겠다.

옛날 옛적에 과학자가 꿈이었다던 한 아이는 결국 설명을 덧붙여야 하는 직업. 싱어송라이터가 되었다. 어느 날 갑자기 음악에 재능을 발견하게 된 걸까?

어릴 적 대답이 씨가 됐는지 결국 기계공학과에 입학했다. 기계라니 거기에다 공학이라니. 이보다 더 과학다울 수 없다. 어두컴컴한 강의실, 깜빡이는 형광등, 공부에 절은 학생들의 체취, 칠

판에 그려지는 알 수 없는 기호와 숫자를 마주했다. 그리고 더 어려운 기호, 더 어려운 숫자와 마주해야 했다. 그 속에 몇 년을 보냈지만 여전히 준비가 안 됐다. 전공 과목은 계속 낙제였다. 과학은 어릴 적 쥐었던 모래 한 줌처럼 쉽게 손에 쥐어지지 않았다. 꿈은 물질이 아니었다. 책상에 앉아 있는 게 싫었고 아무리 풀어도 풀리지 않는 문제를 보고 머리끄덩이를 움켜쥐고 싶지도 않았다. 공부가 싫다. 과학자 같은 건 이제 되고 싶지 않았다.

음악은 도피처였다. 항상 위로해 주는 음악가를 동경하고 존경했다. 그들은 멋있었다. 확신 있고 튼튼했다. 어설픈 기타 솜씨로 그들이 연주했던 곡을 따라 쳤다. 때론 그들 대신 무대 위에 서 있는 모습을 상상하기도 했다. 조명, 관객, 울려 퍼지는 기타 소리. 목소리. 그때만큼은 세상에서 가장 불량하고 건방진 이단아였다. 꽤 오랜 시간 기타만 쳤다. 실력은 좀처럼 늘지 않았지만 그래도 상관없었다. 익숙한 선율이 손가락 끝을 지나 팽팽한 쇳소리가 되고 얇게 저민 나무판 사이를 오가며 경건한 울림으로 바뀌어 다시 귀로 돌아왔다. 그 희열이란! 도피와 동경과 희열이 만들어낸 환상은 다시 꿈의 세계로 인도했다. 언제부터인가 음악을 하고 싶다고 생각했다.

"낮에는 주로 작곡을 하시나요?"

질문자는 또 다른 궁금증이 생겼다. 이 사람의 일상은 어떤 걸까. 남들이 일하고 있을 시간에 이 사람은 무얼 하고 있을까. 싱어송라이터니 아마 작곡을 하지 않을까 하는 생각에 물어본 것 같다. 맞다. 작곡해야 한다. 그리고 공연도 해야 한다. 하지만 그 일은 매일 일어나는 일은 아니다. 매일 작곡하지 않고 매일 공연하지도 않는다. 아무것도 하지 않는 날이 더 많고 공연도 몇 달 동안 없을 때도 있다. 이 질문엔 마땅한 대답이 없다. 하지만 아무것도 안 하는 일상 가운데 작곡은 계속되고 있고 공연은 이어지고 있다.

구체적으로 말하자면 예술이라는 형이상학적인 회사에 음악부서 말단 직원쯤 된다. 보통 직장이 오전 9시에 일을 시작해 오후 5시에 일을 마친다면 이 예술이라는 회사는 작품을 주기로 일한다. 이 회사는 퇴근이 없다. 작품은 작곡을 처음 시작하는 그날부터 한 곡이 나올 때까지, 한 장의 앨범이 나올 때까지, 앞으로 나올 작품이 창작자의 일부가 될 때까지 계속된다. 때로는 꿈속에서까지 이어져 피곤한 몸으로 눈을 뜰 때도 있다. 이런 끊임없는 노동이 가능한 이유는 음악 작업이 때론 일이기도 하고 때론 놀이이기도 하기 때문이다. 이를 악물고 머리를 쥐어짜야 할 때도 있고 놀이라도 하듯 쉽고 재밌게 할 때도 있다. 언제 어떻게 일하시느냐는 질문엔 대답이 없다. 하지만 '주로' 낮에 작곡하지 않는다는 사실만은 분명하다.

과학자가 되고 싶었으나 공부가 어려워 음악가가 되었다. 이렇게 쉽게 요약할 수도 있겠다. 하지만 이 문장에는 오류가 있다. '어떻게'가 빠져 있다. 저 청년은 자신을 음악가라고 부르기까지 10년이 걸렸다. 그 10년 속에 어떻게가 고스란히 녹아 있다. 문장을 완성시키려면 말줄임표를 쓸 수밖에 없다. 과학자가 되고 싶었으나 공부가 어려워… 결국 음악가가 될 수 있었다.

앞으로 내가 할 말은 저 말줄임표에 관한 이야기다.

어느 날, 당신은 운 좋게 꿈을 얻게 된다. 혹은 꿈의 신에게 축복을 받아 이른 나이에 깨닫게 되는 행운이 있을지도 모른다. 꿈을 갖는 건, 하고 싶은 일이 생긴다는 건 언젠가 인생에 한 번쯤 닥칠 일이다. 중요한 건 꿈이 찾아왔고 당신은 이제 그 길로 가려 한다는 것이다. 아무도 없는 곳을 걸어가는 기분, 보이지 않는 곳을 더듬는 기분, 느껴 보길 바란다. 당신을 앞에서 끌어 주는 건 미래의 성공한 당신도 아니고 뒤에서 밀어 주는 건 과거의 당신도 아니다. 꿈으로 이끌어 주는 건 스스로 한 선택과 그 선택에 대한 책임뿐이다.

드디어 꿈이 찾아왔다. 모두가 환호성을 지르며 어깨를 토닥이며 당신의 꿈을 열렬히 지지해 줄 것 같다. 하지만 그 꿈이 모두의 상식과 다르다면 따가운 시선을 가장 먼저 마주하게 된다. 아마도 그들이 할 수 있는 가장 지독한 방법으로 당신을 꿈에서 떨어뜨려 놓으려 할 것이다. 하고 싶은 일을 하는 게 아니라 할 수 있는 것을 하는 거란다. 현실을 생각해 봐. 당신의 마음에 이제 방해꾼이 등장한다. 그의 이름은 '현실적'이다. 현실적은 당신의 선택을 가로막는다. 계산하게 한다. 정답을 찾게 한다. 재판관 행세를 하며 사형선고를 내린다. 유독 당신이 선택한 꿈에 더 그렇다.

미래는 아직 저 멀리서 일어나지 않은 채로 있다. 그래서 미래를 생각하면 불안하다. 좋은 일이 일어날 것 같이 희망에 차 있다가도 이내 고개를 저으며 부정적인 마음이 되는 이유. 그 불안을 덜어 내려고 현실적이란 마음이 작동한다. 좀 더 현실 가능한 미래는 무엇인가 자꾸 생각하게 된다. 쉽게 다가갈 수 있는 가장 실패할 확률이 적은 미래에 안주하는 것. 이게 현실적이 주로 하는 일이다. 예측 불가능한 미래는 예측할 수 있고 내가 해도 되는 일과 안 해도 되는 일을 구분할 수 있다. 따라서 미래에 대한 불안은 사라진다. 당신의 꿈도 사라진다.

주변 사람들의 눈치를 보는 일. 현실적은 나를 둘러싼 아주 작고도 불완전한 환경에서 인정받는 방법을 알고 있다. 마치 확실하고 분명한 미래가 있는 듯, 불안함 속에서 당신을 건져 내려고 한다. 하지만 분명한 미래가 불안을 없애는 게 아니다. 불안을 피해 주변 사람의 반응으로 숨는 것이다. 그러니까 현실적이란, 다수에게 당신의 선택을 보여 줄 때 그들이 비치는 긍정적인 반응을 기대하는 심리다. 실체는 타인의 시선에 자신의 미래를 맡겨 버리는 소극적이고 의지적인 비겁자이다. '현실적'은 말 그대로 현실의 '적'일 뿐이다.

꿈이라고 말하면 환상이라고 듣는다. 이런 귀 막힌 사람 종종 있다. 이 사람 "그거 아니야!"라는 말과 손사래를 동시에 친다. 둘 중 하나만 해도 알아듣는데 말이다. 이래서 안 되고 저래서 안 되고 온통 안 되는 것뿐이다. 결론은 무조건 안 된다. 되는 걸 말해 봐. 다른 사람은 되도 너는 안 된다. 모두가 공통된 기준 안에서 사는 것만이 올바른 삶은 아니다. 모두가 한 곳만 바라보며 살아야 할 필요 없다. 전부 다 같은 꿈을 꾸는 것이야말로 꿈이 아니라 환상이 아닐까. 탄광 마을에서 태어나 무용수가 된 남자아이의 이야기를 담은 《빌리 엘리어트》(2000)란 영화가 있다. 남자로 태어나면 광부가 될 수밖에 없는 그곳에서 소년은 발레를 알았고, 발레가 하고 싶었고, 발레를 했다. 결국엔 꿈을 이루어 아름다운 점프로 영화의 피날레를 장식한다. 지구의 한 인간이 어떤 직업을 갖고 있다면 그건 현실이고 실재다. 현실이 아니라면 애초에 발레리노라는 단어가 존재하지도 않았을 테니까. 인간이 하는 일이다. 누군가 됐다면 나도 될 수 있다. 우리 모두 인간이다.

"그래서 행복하신가요?"

올 것이 왔다. 하고 싶은 일을 하며 사는 사람의 최대 난제. 아니 현대인이 짊어진 최대의 난제, 행복. 행복이란 정말 어려운 단어다. 행복하다는 말은 쉽게 나오지 않는다. 행복에 대해 생각하면 행복했던 순간보다 힘들었던 순간이 먼저 떠오르는 건 왜일까. 나도 모르게 "사실은요. 이런저런 것 때문에 힘들어요"라고 말하고 싶다. 음악가가 된 후에 깨달은 건, 음악이 일이 되었을 때, 음악이 더는 나를 위로해 주지 못한다는 사실이다. 이곳 역시 또 다른 방식의 경쟁 사회였다. 더 좋은 성과를 내야 하고, 동료보다 뒤처지지 않아야 하고, 성공에 대한 부담도 있다. 처음부터 나 행복하자고 시작한 일인데 막상 해 보니 행복은 저만치 멀리에 있는 것 같다.

하고 싶은 일을 하게 되니 마냥 행복하다고 말할 수 있는 사람이 몇이나 있을까. 자기기만이 아닌, 정신 승리도 아닌, 온전한 행복을 말할 수 있는 사람이 몇이나 될까. 마음의 견딤 없이 이뤄 낼 수 있는 일은 없다. 행복으로 향하는 과정에는 분명히 고통이 따를 테다. 그러므로 느닷없이 행복이란 단어를 마주할 때, 꼭꼭 숨어 있었던 아픔이 먼저 일어날 수밖에 없다. 그렇다면 행복이란 현재의 만족이나 기쁨을 이야기하는 게 아닐지도 모른다. 마음을 풍요롭게 하는 감정이 아닐지도 모른다. 행복이란 당당함이 아닐까. 행복이란 단어에 함몰되지 않은 채 행복을 바라보는 당당한 태도가 아닐까. 자신이 선택한 길을 꾸준히 가는 자, 고통에도 책임을 질 줄 아는 자에게 행복이란 말을 당당히 할 수 있는 기회가 주어지는 게 아닐까.

프랑스 철학자 '장 폴 사르트르(Jean Paul Sartre)'는 그의 저서『존재와 무』에서 인간 존재에 대해 사유했다. 그는 인간 존재를 본질과 실존으로 고찰한다. 본질이 '당신이 원래 되어야 하는 것'이라면 실존은 '당신이 하고자 하는 것'이다. 쉽게 말해 '원래 되어야 하는 것'은 당신의 미래가 이미 정해진 것이고 '하고자 하는 것'은 당신이 스스로 미래를 선택하는 것이다. 이를테면 신이 당신에게 "너는 정치인이 되기 위해 태어났다"라고 했다면 당신의 본질은 정치인으로 정해진 것이다. 반면, 당신이 스스로 "나는 정치인이 되고 싶지 않아. 나는 음악가가 될 테야"라고 했다면 당신은 실존의 상태이다. 본질과 실존. 이 두 단어 차이는 자유가 누구한테 있느냐는 것이다. 선택된 인생을 사느냐 내가 선택하느냐의 차이다. 누구도 정해진 삶을 살고 싶지 않듯 우리의 삶은 마땅히 실존적이며, 또 그래야만 한다. 그리고 실존에 대한 책임 또한 온전히 우리 몫이다.

꿈꾸는 사람에게 세상은 모질다. 욕망이 강할수록, 이루고자 하는 마음이 간절할수록 더 매몰차다. 어떻게든 포기하게 하는 게 그들의 역할이라도 되는 듯이. 끝끝내 주저앉는 당신을 보고 싶어 하는 것처럼. 그렇다면, 해야 할 일은 분명하지 않을까. 세상과의 정면승부. 주변의 시선과 현실 '적'과 다가오는 불안한 미래에 대한 정면승부. 그럼으로써 행복 앞에서 당당함을 차지하는 것. 그러니까 자신의 선택을 끝까지 포기하지 않는 것. 그리고 그 안에서 아름답게 빛나는 자신을 발견하는 것.

이강영

세상을 이해하는 데 물리학이 기초가 된다고 생각하는 평범한 입자물리학자. 서울대학교 물리학과를 졸업하고, KAIST에서 입자 물리학 이론을 전공해서 석사 및 박사 학위를 받았다. 물질의 근본 구조를 어떻게 이해하고 또한 이것을 어떻게 검증할 것인가 하는 문제를 연구해 오고 있으며, 대칭성의 양자 역학적 근본 구조 및 확장에도 관심을 가지고 있다. 70여 편의 논문을 발표했고, 『LHC, 현대 물리학의 최전선』, 『보이지 않는 세계』, 『파이온에서 힉스 입자까지』, 『불멸의 원자』 등을 썼으며, 『천국의 문을 두드리며』, 『이것이 힉스다』를 옮겼다. 현재 경상대학교 물리 교육과 부교수로 재직하고 있다.

03

어떤 젊은이

그는 젊고, 그녀도 젊었다. 둘만의 세상은 달콤했지만 그들 바깥의 세상은 씁쓸했다.

헝클어진 머리칼에 때때로 구두끈이 풀어진 채로 다니던 그는, 과학과 수학 성적이 뛰어났고 책 읽기를 좋아해서 공부벌레라고 불리기도 했지만, 한편으론 독일 사회와 군대의 전체주의적 분위기를 싫어하고 김나지움을 답답해하며 종종 바이올린을 연주하는 감수성 예민한 소년이기도 했다. 아버지의 사업이 실패해서 가족이 이탈리아로 이사하고 그 혼자 뮌헨에 남게 되자, 그는 얼마 후 김나지움을 때려치우고 가족에게 돌아갔다. 몇 개월간 아버지와 삼촌의 사업을 돕던 그는, 이번에는 취리히에 있는 스위스 연방 공과대학의 입학시험을 보았다. 시험에서 수학과 물리학

성적은 좋았으나 나머지 과목의 점수가 부족해서 그는 다시 취리히 근처 아라우의 중등학교에서 1년간 공부해야 했다.

다음 해 대학에 무사히 입학한 그는 신입생답게 들뜬 분위기 속에서, 취리히의 자유롭고 민주적인 분위기를 만끽하며 공부하기 시작했다. 취리히는 당시 상업이 발달하면서 급속히 번영을 이루어, 곧 바젤과 제네바를 추월해서 스위스 최대의 도시가 될 것이었다. 그가 공부하기를 원한 것은 이론물리학이었고, 그래서 그가 들어간 곳은 수학-물리학 반이었다. 1학년의 필수 과목은 대부분이 수학이었는데 그는 수학 과목에는 흥미를 느끼지 못해서 수업에 곧잘 빠지곤 했다. 수학 교수는 그에게 게을러 빠졌다고 야단을 쳤다. 그래도 그는 별로 개의치 않고 카페에서 혼자서 물리학을 공부했고 같은 반 친구들과 물리학 토론을 즐겼다. 그의 반은 다섯 사람이었는데 그중 한 사람이 바로 그녀였다.

세르비아계 헝가리 출신의 그녀는 판사인 아버지를 둔 부유한 집안의 딸이었고, 다리를 조금 절었으며, 그보다 네 살 위였다. 어려서부터 성적이 뛰어났던 그녀는 헝가리 동부의 여러 학교에서 공부하고 난 후 크로아티아의 수도 자그레브에서 김나지움을 다녔다. 아버지가 자그레브의 고등법원에 발령이 났기 때문이다. 19세기에는 아직 여성을 남성과 똑같이 받아들이는 학교가 거의 없었으나, 그녀의 아버지는 그녀의 교육에 각별한 관심을 두고 있었기에, 부당하다고 생각되는 법규에 끈질기게 이의를 제기하면서 그녀를 학교에 진학시켰다. 그 결과 그녀는 오스트리아-헝가리 제국에서 남학생들과 한 교실에 앉아서 공부한 최초의 여성이 되었다. 그녀는 자그레브의 왕립 김나지움에서 수학과 물리학에서 최고의 점수를 얻어서 졸업한 뒤, 대학 교육을 위해 스위스로 왔다. 당시 스위스는 유럽에서 가장 진보적인 나라 중 하나였고 취리히는 특히 여성에 대한 교육에 관대했다. 그녀는 취리히에서 여성 중등학교를 마친 후 취리히대학 의학부에 입학했다가, 취리히 공과대학의 수학-물리학 반으로 옮겼다. 그리고 거기서 그를 만났다.

그 시대에 대학에서 여성을 본다는 것은 흔한 일이 아니었고, 여성 물리학도는 더욱 드문 존재였다. 그녀는 취리히 공과대학이 생긴 이래 물리학부에 입학한 다섯 번째 여학생이었다고 한다. 당연히 동급생은 모두 남성이었고 그녀는 눈에 띄는 존재였는데, 그녀에게는 익숙한 상황이었다. 그녀는 열심히 공부했고, 좋은 성적을 받았다.

두 사람이 서로를 처음부터 얼마나 의식했었는지는 모르지만, 학년 말쯤 되자 함께 도보 여행을 할 정도로 가까워졌고, 여행은 두 사람 모두에게 아주 즐거웠다. 그녀는 학년을 마치고 집으로 돌아갔다.

다음 학기가 시작될 무렵, 그녀는 취리히로 돌아오지 않고 유서 깊은 대학 도시 하이델베르크로 갔다. 물리학이 더 발달한 곳에서 공부할 가능성을 타진해 본 것이었다. 그동안 그와 그녀는 편지는 주고받았지만, 서로 만나지 못한 채 서로를 그리워하기만

했다. 그녀는 6개월간 하이델베르크에 머물렀지만 결국 취리히로 돌아와야 했다. 독일의 대학은 여성의 입학을 허락하지 않았기 때문이다.

이듬해 4월 그녀가 취리히로 돌아오고 나서 두 사람은 본격적으로 가까워졌다. 수업 노트를 서로 빌려주고 빌려 보았으며, 강의를 빼먹고 대신 카페에서 물리학에 대해 토론했다. 나이가 많은 그녀에게 그는 편안함을 느꼈으며, 과격한 말을 섞어서 열렬히 토론하는 그에게 그녀는 매혹되었다. 이렇게 둘만의 세상이 달콤해져 갈수록 그들 바깥의 세상과는 차츰 불화가 깊어 갔다. 그는 에테르와 빛, 원자와 전자에 대한 현대물리학을 알고 싶었지만, 대학의 강의는 고전물리학에 치중해 있었다. 그는 강의를 자주 빼먹었고 교수들의 말을 무시했다. 결국 그와 교수들과의 사이는 점점 나빠졌다. 그는 낙제를 당하기도 하고, 태만을 이유로 징계를 받기도 했다. 실험 시간에 교수의 주의를 제대로 듣지 않아 폭발 사고를 일으켜서 가벼운 부상을 당하기도 했다. 그는 점점 문제 학생이 되어 갔다. 한편 그녀는 6개월간의 공백 때문에 따라가기 힘겨워했고, 졸업 시험을 연기해야만 했다.

그가 집으로 돌아가서 가족들에게 그녀 이야기를 하자, 가족들과의 사이에도 심상치 않은 공기가 흐르기 시작했다. 독일계 유태인 중산층이었던 그의 집안은 유태계도 아닌 세르비아 여자를 며느리로 들일 생각은 전혀 없었다. 또한 그녀는 그와 같이 다니느라 고향에서 유학을 온 친구들에게는 소홀해질 수밖에 없었고, 그를 별로 탐탁치 않아 하던 그녀의 친구들은 차츰 그녀로부터 멀어져 갔다. 부모의 반대, 친구들의 따돌림, 거기에 학업의 무게까지 그들을 누르기 시작했다. 그래도 그들은 둘만의 세상에서 나오지 않고 카페와 그녀의 집을 전전하며 그들만의 공부, 그들만의 물리학을 즐겼다.

대가는 만만치 않았다. 둘이서 공부하고 연구하던 물리학은 매혹적이었지만, 시험을 통과하려면 그에 걸맞는 공부도 필요했다. 그래도 그는 그럭저럭 졸업장은 받을 수 있었다. 성적은 반에서 네 번째였다. 좋은 성적이라고? 잠시만 기다려 보자. 한편 그녀는 필요한 성적을 얻지 못했다. 졸업 가능 점수에 한참 못 미치는 성적이라서, 그녀는 결국 1년 더 학교를 다녀야 했다. 그들의 학급은 다섯 명이었으므로, 결국 그녀가 꼴찌, 그는 졸업한 사람들 중에서 꼴찌였던 셈이다. 어쨌든 1900년 7월에 그는 대학을 졸업했다.

졸업하고 집으로 돌아와서 그는 결혼 문제를 두고 본격적으로 부모와 대립했다. 그의 어머니는 때로는 눈물로, 때로는 분노로 그를 몰아쳤고, 아버지는 그의 장래를 생각하라며 훈계했다. 더구나 그가 일자리를 구하지 못하고 집에서 뒹굴고 있자, 부모의 불평은 더욱 심해졌다. 원래 그의 계획은 대학의 교수 중 누군가의 조수가 되어 학위 논문을 준비하는 것이었다. 하지만 졸업 성적이 꼴찌인 데다가 교수들과 사이가 좋지 않았던 그가 조수 자리를 얻기는 어려웠다. 물리학 교수는 애초부터 그와 사이가 제일 좋지 않아서 아예 그를 고려조차 하지 않았고, 수학 교수도 얼마 후 다른 학생을 조수로 택하고 말았다. 결국 졸업생 중 그만이 실업자인 채로 남게 되었다.

조수 자리를 알아보고, 논문을 쓰기 위해 취리히로 돌아온 그는 이제 학비와 생활비를 걱정해야 했다. 가정 교사를 해야 했고, 다른 과학자의 임시 조수도 맡았다. 그래도 그동안 공부하고 연구해 온 것이 헛수고는 아니어서 그 해가 가기 전에 논문을 한 편 학술지에 투고할 수 있었다. 당시의 취리히 공과대학은 아직 박사 학위를 수여하지 않았으므로 그는 박사 학위를 받기 위해 바로 옆에 위치한 취리히대학의 교수의 지도를 받았다. 크리스마스 휴가 때 그가 밀라노의 집으로 돌아가자 취리히에 혼자 남은 그녀는 쓸쓸했다. 밀라노에서 날아오는 편지에는 그가 부모와 싸웠다는 이야기뿐이었지만, 그는 또 두 사람의 행복이 멀지 않았다고 큰소리를 쳤다.

취리히에서 조수 자리를 얻지 못한 그는, 이제 여러 다른 독일어권 대학에 지원서를 보내야 했다. 괴팅겐과 라이프치히, 슈투트가르트와 네덜란드의 레이든. 그러나 그에게 돌아온 것은 거절의 편지가 아니라 단순히 침묵이었다. 대부분의 학교는 그에게 답장도 제대로 해 주지 않았다. 있을지 없을지조차 모르는 대답을 기다리는 것은 꽤나 기운 빠지게 하는 일이다. 늘 건방지고 자신만만하던 그도 점점 우울해질 수밖에 없었다.

차츰 그는 독일어권 대학에서 자리를 구하는 것을 포기하고,

친구의 연줄의 도움을 받기 위해 이탈리아의 대학에 지원서를 보내기로 했다. 그리고 그녀에게 보낸 편지에 이렇게 썼다. "이제 곧 북해에서 이탈리아 남쪽 끝까지 모든 물리학자들에게 내 지원서를 보낼 거야." 그러나 별다른 답이 없기는 마찬가지였다. 그는 몰랐지만, 사실 그의 아버지는 라이프치히대학에 몰래 애원하는 편지를 보내기도 했다.

아들을 위해, 고명하신 교수님께 감히 이렇게 호소할 수밖에 없는 아비의 심정을 부디 너그러운 마음으로 이해해 주시기 바랍니다. … 이 문제를 판단할 수 있는 위치에 계신 모든 분들은 제 아들이 학문을 대단히 좋아하며 근면할 뿐더러 과학에 큰 애착을 갖고 있다는 사실을 귀하께 확실히 보증할 수 있습니다. … 제 아들은 보잘것없는 저희에게 짐이 된다는 생각에 괴로워하고 있습니다. … 아들이 생활과 일에서 기쁨을 되찾을 수 있도록 용기를 북돋아 주셨으면 합니다. 만약 제 아들이 일자리를 찾을 수 있도록 도와주실 수만 있다면 더없이 고맙겠습니다.

그러나 이 편지에 대한 답장 역시 오지 않았다.

명문 대학을 졸업하고 집에서 빈둥거리는 신세가 편할 리가 없었다. 그는 여동생과 종종 다투기도 하고, 백수인 신세라 집 안에서 시키는 일도 맡아서 해야 했다. 그러던 중 그나마 기분전환이 될 만한 일이 생겼다. 예전에 취리히 공과대학의 조교를 지내서 그와 그녀를 알고 있고, 지금은 취리히 근처의 도시에서 수학 교사를 하던 사람이 군 복무 동안 자기 대신 수학을 가르치는 일을 제안한 것이다. 기분이 좋아진 그는 그녀와 함께하는 둘만의 여행 계획을 세웠다. 이탈리아의 코모에서 며칠간의 여행 끝에 취리히에 도착한 두 연인은 행복했다. 그녀는 다시 얼마 남지 않은 졸업 시험을 준비했고 그는 수학 강의를 시작하면서 다시 원자와 빛과 전자에 대한 박사 학위 논문 연구를 시작했다. 그녀가 곁에 있어서 함께 연구하고 대화를 나누면 얼마나 좋을까 생각하면서.

운명은 늘 그렇듯 변덕스럽다. 며칠 후 어느 일요일에 취리히로 그녀를 찾아간 그에게 그녀는 놀랄 만한 소식을 전했다. 그들에게 아이가 생긴 것이다.

그들은 한편으로 기뻐했으나 걱정이 더 컸다. 특히 그녀에게는 모든 것이 암울했다. 자칫하면 지금까지의 모든 노력이, 박사 학위를 받고 진짜 과학자가 되려는 모든 희망이 날아가 버릴 수도 있었다. 그 역시 마찬가지였다. 그는 또다시 결혼 문제로 부모와 충돌했고, 다 때려치우고 친구 아버지에게 부탁해서 아무 자리나 구해서 결혼을 하자고 했다. 그러는 와중에 그녀는 졸업 시험을 치러야 했고, 다시 떨어졌다. 결국 그녀는 경력을 중단하고 집으로 돌아가야 했다. 과학자의 꿈은 이것으로 그녀로부터 멀어졌다.

그는 다시 시골의 사립학교에 임시 교사로 들어갔다. 어린 학생들이 고등학교 자격시험을 준비하는 것을 돕는 1년짜리 수험지도 교사 자리였다. 봉급은 박했고 제공되는 식사는 형편없었다. 식사 문제로 그는 몇 차례나 고용주와 다투어야 했다. 그래도 그 와중에 그는 박사 학위 논문을 완성해서 제출했다. 그는 졸업 시험에서는 꼴찌였지만 박사 학위 논문은 친구들보다 먼저 완성해서 기쁘다고, 그녀에게 보낸 편지에 적었다.

그녀의 부모는, 그가 여전히 실업자 신세였고 가족의 반대도 여전해서 결혼의 전망이 불투명한 상황에서는 태어날 아이를 친척에게 맡기거나 입양시킬 수밖에 없다고 생각했다. 사생아가 있다는 것은 그들의 결합을 더욱 어렵게 만드는 일이 될 것이었다. 정확히 말하자면 그가 스위스 사회에서 직장을 구하고 정상적인 사회생활을 하는 데 문제가 될 일이었다. 그 당시는 아직 여성이 길거리에서 담배를 피우면 체포될 수도 있는 시대였던 것이다.

그의 박사 학위 논문은 통과되지 못했다. 그가 너무 과격하게 다른 물리학자들의 이론을 비판했기 때문이다. 그는 일단 논문 제출을 포기하고 심사료를 돌려받았다. 그런 중에 그녀는 마침내 딸을 출산했다. 산고는 힘들었고, 후유증도 컸다. 아이의 탄생을 알리는 편지를 받았을 때, 그는 두려워서 한동안 편지를 뜯어보지 못했을 정도였다. 그래도 아이의 탄생은 기뻤다. 얼마나 기뻤던지 자신의 어려움은 모두 티끌처럼 느껴져서, 지금의 일자리에서 2년을 더 일해도 괜찮다고 말할 정도였다. 그러나 앞서 말한 대로 그들은 아이를 곧 다른 사람에게 맡겨야 했다. 그는 결국 딸의 얼굴도 보지 못했다. 그의 부모도 아이의 소식을 들었으나, 냉담하게 관심을 보이지 않았다. 그를 설득할 수는 없었지만 그녀를 용납할 생각 역시 조금도 없었던 것이다.

그는 이렇게 어느 시대에나 있었던, 꿈과 야망은 크지만 아무것도 손에 쥔 것은 없고, 자격은 갖추었지만 현실에서는 좌절만을 거듭하는 한심한 처지의 젊은이였다. 세기는 새로 막 시작했지만, 그의 세기는 아닌 것 같았다. 세상은 터널 속처럼 캄캄했고, 터널의 끝은 영원히 오지 않을 것 같았다.

그 세기가 끝나는 날인 1999년 12월 31일, 미국의 타임지는 밀레니엄 특집으로 20세기의 인물을 뽑았고, 그중에서도 가장 중요한 '세기의 인물'을 선정해서 잡지의 표지에 실었다. 바로 그의 얼굴이었다. 지금까지의 이야기를 읽고 아마도 많은 사람이 눈치챘겠지만, 이 젊은이는 바로 20대 초반의 알버트 아인슈타인이다.

아인슈타인의 고단한 백수 생활은 다음 해에야 끝이 났다. 그의 대학 친구 한 사람이 자기 아버지에게 부탁해서, 스위스 특허청장에게 이야기를 했는데, 마침 자리가 있다는 것이었다. 이 자리야말로 그의 희망이 되었다. 한참을 기다린 후에 마침내 지원서를 내라는 특허청장의 편지가 그에게 도착하자, 그는 일자리를 정리하고 관청들이 있는 도시인 베른으로 떠났다. 자리가 결정될 때까지는 가정 교사를 하면서 버틸 생각이었다. 그는 베른에 도착해서 거처를 정하고 집 안의 구조를 그려서 그의 여자 친구 밀레바 마리치에게 보냈다.

면접은 성공적이었다. 다른 지원자들에 비해 물리학을 전공한 아인슈타인은 전기 이론에 뛰어났고, 비록 기술 교육은 받지 않았지만 아버지의 사업을 도우면서 보고 들은 경험이 있었다. 친구의 추천까지 힘입어 특허청의 자리는 그의 것이 되었다. 이제 아인슈타인은 특허청의 3급 심사관이 되어, 1902년 6월부터 출근을 하게 되었다.

그때부터 아인슈타인의 인생은 현기증 나는 궤적을 그린다. 그 해 10월 건강이 악화된 아인슈타인의 아버지는 아들을 불러서 밀레바와의 결혼을 마침내 허락했고, 얼마 후 세상을 떠났다. 아인슈타인은 다음 해 1월 베른에서 결혼식을 올렸다. 베른에 도착하면서부터 아인슈타인은 같이 학문을 논할 친구들을 찾아서 '올림피아 아카데미'라고 부르는 모임을 만들어서 물리학과 철학을 논했고, 근무 시간 외에는 본격적으로 물리학 연구에 몰두했다. 채 3년도 되지 않은 1905년에, 아인슈타인은 상대성 이론을 비롯한 기념비적인 논문을 무려 세 편이나 발표한다. 지금도 사람들은 그 해를 아인슈타인의 '기적의 해'라고 부를 정도다. 만약 어떤 물리학자가 이 해에 아인슈타인이 발표한 것과 같은 논문을 평생 하나라도 쓸 수만 있다면 그의 이름은 역사에 남을 것이다. 이 해를 기념하기 위해 UN은 100주년이 되는 2005년을 '물리의 해'로 정했다.

물리학계는 듣도 보도 못한 젊은이의 놀라운 논문에 경악했다. 당대 물리학의 지도자 중 한 사람이었던 베를린 대학의 막스 플

랑크는 조수를 시켜 아인슈타인이 어떤 사람인지 직접 만나 보고 오게 했을 정도였다. 그러나 이것은 시작에 불과했다.

1907년 그는 특허청을 그만두고 취리히대학의 강사가 되어 마침내 학계에 들어온다. 1911년에는 프라하의 카를대학의 정교수가 되었고, 그해 10월에는 당대의 중요한 문제를 논의하기 위해 최고의 과학자 24명만을 초청하는 학회에 초청을 받아서 브뤼셀에 갔다. 이때부터 시작한 이 학회는 학회를 후원한 이의 이름을 따서 솔베이학회라는 이름으로 불린다. 아인슈타인은 이 해의 참가자 중 가장 젊은 사람이었다. 이제 과학계의 떠오르는 별이 된 아인슈타인은 프라하에 간 지 불과 만 2년도 되지 않아서 모교의 교수가 되어 취리히로 금의환향한다.

그에게 가장 아늑하게 느껴지는 도시에서 아인슈타인은 이제 명성을 얻고, 마음이 맞고 수준이 걸맞아서 이야기가 잘 통하는 동료들과 함께 아름다운 시절을 지냈다. 그와 어울린 동료들은, 대학 시절부터의 절친한 친구이자 그에게 특허청의 자리를 소개해 주었고, 이제는 수학을 가르쳐 주고 있는 마르셀 그로스만, 프라하에서 데려온 젊은 조수 오토 슈테른, 1905년에 아인슈타인을 만나러 왔던 막스 폰 라우에, 프라하에서 만난 파울 에른페스트 등이었다. 이중 슈테른과 라우에는 훗날 노벨상을 받는다.

이만큼만 해도 충분히 해피엔딩이겠지만, 여기서 끝이 아니었다. 1913년 아인슈타인은 베를린대학의 막스 플랑크와 발터 네른스트의 방문을 받는다. 독일어권을 대표하는 과학자였던 이들은

제국의 중심 대학에 아인슈타인을 초빙하기 위해, 베를린대학의 교수이자 아인슈타인 자신만의 카이저 빌헬름 물리학 연구소의 소장, 그리고 프러시안 과학 아카데미의 멤버라는 전례를 찾기 어려운 파격적인 조건의 자리를 가져온 것이었다. 게다가 이 교수 자리는 강의의 의무는 없었으며, 월급은 프로이센의 교수로서 최고 수준이었다. 아카데미의 최연소 멤버가 된 아인슈타인의 나이는 이때 불과 34세였고 실업자로 지내던 시절에서 겨우 11년이 지났을 뿐이었다.

베를린에 자리를 잡은 아인슈타인은 특허청 시절부터 연구해오던 그의 중력 이론인 일반 상대성 이론을 1915년에 완성시켜서 그의 이름을 더욱 드높였다. 다시 4년 후, 영국의 원정대가, 아프리카와 남미에서 일어난 개기일식 때 태양 주변의 별들을 관찰해서 빛이 태양의 중력에 의해 휘어진다는 아인슈타인의 일반 상대성 이론의 예측을 증명하면서, 아인슈타인은 이제 세상에서 제일 유명한 사람이 되었다.

그때부터 80년 동안 아인슈타인은 내내 세상에서 제일 유명한 사람이었고, 결국 20세기를 대표하는 인물이 되었다. 연구 활동이나 업적은 물론, 그의 삶의 진행 자체가 너무나 예외적이라서, 아인슈타인은 힘든 시절을 보내는 젊은이들에게 위안이 되지는 않을 것이다. 아인슈타인도 젊었을 때 어려운 시절을 겪었으니까 여러분도 희망을 가지라고 말하기는 분명 어렵다. 그러나 또한 아인슈타인의 예에서 분명한 것이 하나 있다. 그것은, 누군가가 아무리 힘들고 어려운 시절을 보내더라도, 아무리 지질하고 한심한 모습이더라도, 아무리 실패를 거듭하더라도, 그것이 그 사람의 가치를 정해 버리는 것은 아니라는 사실이다.

양세욱

서울대 중어중문학과를 졸업하고 같은 대학원에서 석·박사과정을 마쳤으며 연강재단 중국학연구원으로 북경대에서 수학하였다. 이화여대 연구원, 한양대 연구교수를 거쳐 인제대 중국학부 교수로 재직하고 있다. '중국을 방법으로, 세계를 목표로' 삼아 언어와 문화의 여러 주제들에 대해 읽고 쓴다. 『짜장면뎐 – 시대를 풍미한 검은 중독의 문화사』(제1회 간행물윤리위원회 우수저작 당선작)를 썼고, 『한국문화는 중국문화의 아류인가』(문체부 우수학술도서), 『중국어의 비밀』(문체부 최우수학술도서), 『근대이행기 동아시아의 자국어 인식과 자국어학의 성립』, 『근대 번역과 동아시아』 등을 함께 썼으며, 『표준중국어음운론』(대한민국학술원 우수학술도서)·『고전중국어문법강의』 등을 우리말로 옮겼다.

04

프레임, 세계를 넘나드는 틀

세금 폭탄, 의무 급식, 4대강 희망선포식

"인간에겐 피할 수 없는 두 가지가 있다. 하나는 죽음이고 다른 하나는 세금이다." 프랭클린 플래너라는 일정 관리용 수첩은 벤자민 프랭클린(1706~1790)과 관련이 없지만, 인구에 회자되는 이 명언은 '최초의 미국인'이라고 불리는 그의 입에서 나왔다.

세금은 양면성을 갖는다. 국가를 운영하고 복지정책을 시행하기 위해 반드시 필요한 시민들의 공동 자산이면서 동시에 죽음처럼 피할 수만 있다면 피하고 싶은 강제 부과금이기도 하다. 어느 정도의 세금이 적정한지의 문제는 진보와 보수가 첨예한 대립을 보이는 쟁점이다. 진보는 조세 저항을 피할 수 있는 적정 범위 안에서 최대한의 세금을 모아 시민들의 공동의 자산을 마련하려 한다. 보수는 사회 안전망이 유지 가능한 적정 범위 안에서 최소한의 세금을 거두어 개인의 재산권을 지키려 한다. 세금의 비율을 높이거나 줄이는 일을 어떤 입장에서 바라볼 것인지는 대통령 선거 때마다 뜨거운 쟁점일 수밖에 없다.

2000년 미국 대통령 선거에서도 세금은 중요한 이슈로 부각되었다. 세금을 인하하려는 공화당의 조지 W. 부시(1946~)의 선거 전략은 초반 부자 감세라는 거센 비판에 직면했다. 이때 등장한 용어가 'tax relief'였다. 'relief'는 '감면'이라는 의미와 '구제·구원'이라는 의미를 동시에 갖는다. 'tax relief'는 '세금 감면'이면서 '세금 구제'인 중의성을 갖게 되는 것이다. 'tax cut'(세금 인하) 대신 'tax relief'(세금 감면 = 세금 구제)의 사용은 치밀한 선거 전략의 결과였다. 구제는 고통에 빠진 사람을 구원하는 일이므로, 'tax relief'는 순식간에 과도한 세금의 고통에서 사람들을 구원해 주는 영웅적인 행위로 탈바꿈하였다. 야구에서 구원투수(relief pitcher)가 그러하듯. 부시와 공화당은 'tax cut' 대신 'tax relief'를 사용함으로써 앨 고어와 민주당과의 선거전에서 우위를 점하기 시작했으며, 결국 대선에서 승리했다. 세금 문제는 몇 해의 시차를 두고 국내 정치 무대의 전면에 등장하였다.

2005년 8월 31일, 한덕수 부총리는 '8·31부동산종합대책'을 발표하는 기자회견에서 "부동산 투기는 이제 끝났다"고 선언했다. 노무현 정부의 부동산 종합 대책은 서민들의 주거 안정과 부동산 투기 억제를 위한 장기적이고 근본적인 처방으로 마련되었다. 준비 과정의 우여곡절에도 불구하고 이 대책의 성공을 의심하기 어려워 보였지만, 한나라당과 보수 세력은 이 정책을 무력화시키는 데 성공하였다. 주택과 토지, 세제 개편을 아우르는 방대한 정책 가운데 종합부동산세가 주요 표적이 되었다. 과세 대상을 주택의 경우 공시가격 9억에서 6억으로, 토지의 경우 공시지가 6억에서 3억으로 낮추고, 보유세 평균 실효세율을 1% 수준으로 인상하는 종합부동산세는 최상위 소득자 2% 정도가 대상이었음에도 반대 여론은 30%를 웃돌았다. 종합부동산세, 나아가 '8·31부동산종합대책' 전체를 무력화시킨 보수 세력의 무기는 바로 '세금 폭탄'이라는 용어였다.

'세금 폭탄'은 자연스럽게 잔혹한 전쟁의 폭탄 투하 장면을 연상시킨다. 폭탄은 누구에게나 부정적인 이미지로 다가올 수밖에 없다. 한국전쟁을 비롯한 여러 전쟁의 사례들이 보여 주듯이, 폭탄 투하는 아무리 정확도를 높이더라도 의도하지 않은 살상과 파괴를 피하기 어렵다. 폭탄 은유를 빌어 온 '세금 폭탄' 역시 공포감을 불러일으킨다. 종합부동산세는 최상위 소득자 2% 정도로 부과 대상자가 극히 제한적임에도, '세금 폭탄'이라는 용어는 불가피하게 의도하지 않은 피해자를 만들 수 있으며 그 범위 또한 광범위하리라는 공포감을 불러일으켰다. '세금 폭탄'을 자행하는 정부는 악당이 되고, '세금 폭탄'에 반대하는 한나라당과 보수세력은 순식간에 영웅이 되고 만 것이다.

2009년 11월 22일 오후 2시, 영산강 6공구에서는 이른바 '4대강 살리기' 사업의 기공식이 열렸다. 날씨는 더할 나위 없이 화창했다. 이명박 대통령이 참석한 이 기공식과 함께 환경 파괴, 예산 낭비 등 거센 논란을 무릅쓰고 건국 이래 최대 토목공사 가운데 하나였던 사업이 본격적인 궤도에 올랐다. 영산강을 비롯해 금강·한강·낙동강에서 차례대로 개최된 이 기공식의 이름은 '4대강 살리기 희망선포식'이었다. 국토해양부 산하 4대강 살리기 추진본부는 "4대강 살리기 사업을 통해 건강한 국토와 살기 좋은 희망찬 나라를 후손들에게 물려주겠다는 의미에서 이번 기공식 공식 행사명을 '4대강 살리기 희망선포식'으로 정했다"고 밝혔다.

강은 흔히 어머니에 비유된다. '4대강 살리기'라는 명칭에는 영산강·금강·한강·낙동강이 이미 죽었거나 죽어 가고 있는 강이라는 전제를 함축하고 있다. '4대강 사업'이라는 중립적인 명칭 대신 '4대강 살리기'라는 명칭이 언론에 거듭 노출되고 사람들의 입에 오르내리면서 이 사업의 추진은 큰 동력을 얻었다. 어머니 강을 살리는 일에 누가 반대할 수 있겠는가.

기공식이라는 명칭 대신 희망선포식이라는 신조어를 사용한 일은 그들로서는 신의 한 수였다. 건설 회사 사장을 역임하고 청계천 사업으로 대통령의 발판을 마련한 이명박 대통령이 명운을 걸고 밀어붙인 4대강 사업이 온 국토를 다시 한 번 토목공사 현장으로 만들고 말 것이라는 우려를 잠재우고, 죽어 가는 4대강 때문에 절망에 빠진 국민들에게 희망을 선포하였으니 말이다.

2011년 8월 24일, 서울시에서는 초유의 주민투표가 실시되었다. 초등학교 전면 무상 급식에 대한 요구가 거세게 일자, 저소득층 30%에 대해서만 선별적으로 무상 급식을 해야 한다고 주장한 오세훈 서울시장이 시장직을 내걸고 서울 시민들의 의견을 물었다.

최종투표율은 25.7%. 주민투표는 개표기준(전체투표의 33.3%)을 한참 밑돌면서 결국 투표함조차 열어 보지 못했고, 오세훈 시장은 이틀 뒤 시장직에서 물러났다. 재보궐 선거에서 무소속으로 당선된 박원순 서울시장은 취임 후 첫 결재로 '초등학교 5·6학년 무상 급식 예산 지원안'에 서명함으로써 같은 해 11월부터 무상 급식은 서울 초등학교 전 학년으로 확대되었다. 현재 경상남도를 제외한 전국에서 초등학교 전면 무상 급식이 시행되고 있다.

초등학교 무상 급식을 둘러싸고 여당과 야당, 보수와 진보의 논쟁이 가열되는 시점에 조용한 용어 전쟁이 벌어지고 있었다. 여당과 보수 세력은 부잣집 아이들에게까지 공짜로 밥을 먹여 준다는 부정적인 이미지를 강화하기 위해 '무상 급식'이라는 용어를 고집했고, 일부는 국민의 세금이 불필요한 일에 낭비된다는 의미로 '세금 급식'이라는 용어를 주장하기도 하였다. 반면 야당과 진보 세력은 무상 급식은 의무교육의 일부분이며 시민에 대한 국가의 당연한 의무라는 사실을 부각시키기 위해 '의무 급식'이라는 용어를 사용하자고 제안하였다. 세금으로 초등학생들에게 급식을 제공하는 동일한 행위를 두고 '무상 급식'과 '의무 급식'이라는 용어가 경쟁하는 배경에는 보편적 복지를 주장하는 진보 세력과 선별적 복지를 내세우는 보수 세력 사이의 뿌리 깊은 이념의 차이가 가로놓여 있다.

호모 로퀜스와 '정치적 올바름'

우리는 매순간 언어를 사용한다. 사람과 사람이 만나면 언어로 대화를 나눈다. 보이지 않는 상대와 전화나 문자메시지로 언어를 주고받는다. 대화 상대가 없을 때는 반려동물이나 자기 자신에게 말을 걸기도 한다. 잠을 자는 동안에도 언어로 잠꼬대를 한다. 신체적인 장애로 말을 할 수 없는 사람들은 수화로 의사소통을 하고, 시력을 상실한 사람은 점자책으로 글을 읽는다. 사람들이 하루에 발화하는 단어 수는 평균 20,000(남자)에서 40,000(여자)회에 이른다. 언어로 대화를 나눌 뿐 아니라 언어로 기록을 남긴다. 인류는 언어를 통해 앞 세대의 지식을 체계적으로 다음 세대로 옮길 수 있게 되었고, 그 덕분에 현재와 같은 고도의 문명을 이룩할 수 있었다.

언어의 사용은 인간을 다른 동물들과 구분시켜 주는, 아마도 가장 중요한 특질일 것이다. 꿀벌·돌고래·침팬지 등을 비롯한 일부 동물들에게도 언어가 있다는 주장을 종종 듣는다. 동물들도 다양한 감정을 느끼고 표현할 수 있다. '배고프다, 아프다, 즐겁다, 화난다, 놀랍다, 짝짓기를 하고 싶다' 등등. 자식을 잃고 슬퍼

하는 동물도 있다. 하지만, 동물들의 의사소통 수단과 인간의 언어는 본질적으로 다르다. “아버지는 가난하셨지만 정직하셨다”라는 메시지를 다른 동료 종들에게 전달할 수 있는 동물은 인간 이외에는 없다. 지난 세기 침팬지에게 언어를 가르치려는 여러 시도들은 모두 실패했다. 동물들에게도 언어가 있다는 말은 어디까지나 비유일 뿐이다.

「구약」을 비롯한 여러 민족의 신화들에서 언어가 인간이 가지는 힘의 원천으로 표현되는 이유도 이 때문이다. 아프리카의 일부 부족들은 갓 태어난 아이는 ‘킨투’, 즉 물건이고 아직 ‘문투’, 즉 사람이 아니다. 아이들은 언어를 배운 뒤라야 비로소 인간이 될 수 있다. 인간은 호모 로퀜스(Homo loquens), ‘언어를 사용하는 인간’이다.

삶의 어떤 순간도 언어로부터 자유로울 수 없으므로, 언어와 생각은 영향을 주고받는다. 언어와 생각이 어떤 관계를 맺는지에 대해서는 다양한 논쟁과 주장이 있다. 우리가 세계에 대해 생각하고 세계를 인식하는 데 언어가 큰 영향을 미친다는 주장을 내세운 대표적인 인물은 미국의 언어학자이자 인류학자 에드워드 사피어(1884~1936)와 그의 제자 벤자민 워프(1897~1941)였다. 따라서 이러한 주장을 ‘사피어-워프 가설’이라고 부른다. 워프가 말한 “우리는 우리의 자연 언어가 그려 놓은 선에 따라 자연을 분할한다”(We dissect nature along lines laid down by our native language)라는 명제는 사피어-워프 가설의 강령과도 같다.

사피어-워프 가설의 가장 강력한 형태를 언어결정론이라고 부른다. 우리가 사용하는 언어가 우리의 세계에 대한 인식과 생각을 결정한다고 주장하기 때문이다. 이 견해에 따르면 언어는 우리가 실재 세계를 받아들이는 일종의 필터의 역할을 한다. 우리는 언어라는 굴레에 갇힌 죄수이다. "나의 언어의 한계는 나의 세계의 한계를 의미한다"고 비트겐슈타인(1889~1951)은 말했다. 그러나 이런 언어결정론은 주류 언어학계에서 받아들이지 않는다. 사람들의 생각과 인식이 언어로만 결정되지 않는다. 세계적인 언어학자이자 인지과학자로, 『언어 본능 - 마음은 어떻게 언어를 만드는가?』의 저자이기도 한 스티븐 핑커(1954~)는 사람은 모국어가 아니라 '생각언어'(mentalese)로 생각한다고 주장했다.

사피어-워프 가설의 좀 더 약한 형태는 언어상대론이라고 불린다. 이 견해에 따르면 언어가 우리의 생각을 결정하지는 않지만, 언어와 생각은 연관성이 있으며 언어가 다르면 세계를 받아들이는 방식도 달라진다. 언어와 생각이 어느 정도까지 연관성이 있는지는 또 다른 논쟁거리가 되겠지만, 언어와 생각의 상대적인 연관 관계에 대한 이 주장은 안심하고 받아들여도 좋다. 사례를 보기로 하자.

한 실험에 따르면, 러시아 사람들은 영어를 사용하는 사람들보다 밝은 파랑과 어두운 파랑을 잘 구별한다. 러시아어에서 밝은 파랑은 'goluboy', 어두운 파랑은 'siniy'로 별도의 단어를 사용한다. 러시아어의 이런 단어 구분이 러시아인들의 파랑 색깔 인지에 영향을 미친 결과이다. 또 다른 실험에 따르면 다리(bridge)를 표현할 때 스페인 사람들은 '크다, 위험하다, 길다, 강하다, 굳건하다' 등의 남성적인 어휘들을 사용하는 반면, 독일 사람들은 '예쁘다, 우아하다, 연약하다, 평화롭다, 가늘다' 등의 여성적인 어휘들을 사용하는 것으로 보고되었다. 스페인어와 독일어는 대부분의 유럽 언어들과 마찬가지로 모든 명사를 남성과 여성, 그리고 중성으로 나누어 별도의 관사를 붙이는 언어에 속한다. 스페인어에서 다리는 남성명사인 'el puente'인 반면, 독일어에서 다리는 여성명사인 'die brücke'이다. 명사의 성 구분이 언어 사용자들의 사물에 대한 인식에 영향을 미친 결과이다. 세계적으로 드문 한국의 수직 문화도 세계적으로 드문 한국어의 복잡한 경어법과 관련지어 설명할 수 있다.

하늘 아래 동의어는 없다. '어머니·엄마·모친', '여자·여성·여인', '태양·해·해님'을 습관적으로 동의어(同義語)라고 부르지만, 이 단어들은 의미가 같은 동의어가 결코 아니다. 의미가 비슷한 단어, 즉 유의어(類義語)일 뿐이다. 하늘 아래 중립적인 말도 없다.

둥근 원 한 가운데 점 하나가 찍혀 있는 그림을 묘사한다고 가정해 보자. 누군가는 원 안에 점 하나가 있다고 표현할 것이고, 누군가는 점 밖에 둥근 원이 있다고 표현할 것이다. 전자는 원을 배경으로 점을 묘사하였고, 후자는 점을 배경으로 원을 묘사하였다. 어느 하나를 기준으로 삼지 않고서는 다른 하나를 표현할 방법이 없다. '루빈의 컵'이라고 불리는 널리 알려진 그림도 마찬가

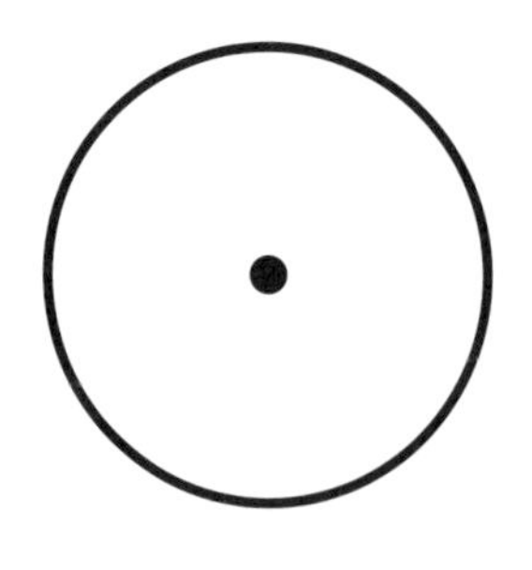

원 안의 점 / 점 밖의 원

루빈의 컵

지다. 컵을 배경으로 삼으면 마주한 두 사람의 얼굴 형상이 드러나고, 두 사람의 얼굴을 배경으로 삼으면 컵의 형상이 드러난다. 두 사람의 얼굴과 컵의 형상을 동시에 인지하기는 불가능하다.

언어가 우리의 생각과 가치관에 영향을 미친다는 믿음에 충실하고 이를 실천하는 사람들이 있다. 바로 정치가들과 마케터들이다. 정치가들과 마케터들은 여러 선택 가능한 어휘들 가운데 어떤 단어를 골라 사용할지에 대해 예민한 감각을 지녔다.

'세금 인하'와 '세금 구제', '세제 개편'과 '세금 폭탄', '의무 급식'과 '무상 급식', '4대강 사업'과 '4대강 살리기', '4대강 기공식'과 '4대강 희망선포식', '지구 온난화'와 '기후 변화', '쉬운 해고'와 '노동시장 유연화', '최저임금 현실화'와 '최저임금 인상', '미등록 외국인'과 '불법 체류자' 가운데 어떤 단어를 사용하는지는 진보와 보수 가운데 어떤 이념을 지지하는지를 반영한다. 전자를 사용하는 사람들은 진보이고, 후자를 사용하는 사람들은 보수이다. 또 어떤 단어가 경쟁에서 살아남는지에 따라 정치 지형에 변화를 가져오고, 선거 결과에 영향을 미친다.

'정치적으로 올바른'(Politically Correct, 이하 PC) 언어라는 표현은 언어가 생각, 특히 정치적 판단에 영향을 미칠 수 있다는 생각을 반영하고 있다. 우리는 말하는 방식을 바꿈으로써 우리가 생각하는 방식을 바꿀 수 있다. 가령 인종이나 성을 차별하는 용어를 사용하지 않으면, 우리 사회가 인종이나 성을 이유로 덜 차별받는 사회로 변화될 수 있다. 이런 믿음에 충실하고 이를 실천하는 데 가장 적극적인 나라는 미국이다.

미국에서 정치 지도자가 'black people'(흑인), 심지어 'nigger'나 'negro'(깜둥이)로 흑인을 지칭했다면, 그의 정치 생명은 바로 끝이라고 보아도 좋다. 현재 미국에서 흑인을 부를 수 있는 PC한 표현은 'African-American'(아프리카계 미국인)이 유일하다. 또 남자 승무원(steward)이나 여자 승무원(stewardess)을 구분하지 않고 'flight attendant'(승무원)라 불러야 하고, 'fireman'(소방관), 'policeman'(경찰관), 'chairman'(의장) 같은 추억의 단어들은 'fire fighter', 'police officer', 'chairperson'으로 바꿔 불러야 한다.

때로 부정적인 어감을 줄이기 위해 사용된 새로운 용어가 다시 부정적인 어감을 가지게 되자, 다시 이를 대체할 새로운 용어가 반복적으로 등장하는, 일종의 다람쥐 쳇바퀴 현상이 생겨나기도 한다. 'handicapped'(장애인)는 'crippled'(불구자)의 부정적인 뉘앙스를 완화시키기 위해 새로 도입된 완곡표현이었으나, 얼마 지나지 않아 정치적으로 부정확한 표현으로 인식되자 다시 'disabled'라는 완곡표현으로 대체되었다. 지금은 'disabled'조차 부정적인 어감을 지니게 되어 점차 'challenged'라는 또 나른 완곡표현에 자리를 내어 주고 있다. 'crippled → handicapped → disabled → challenged' 순서로 새로운 완곡표현들이 생겨나고 있는 것이다.

스티브 핑커는 이런 현상을 '완곡표현 트레드밀'(euphemism treadmill)이라고 이름 붙였다. 트레드밀은 피트니스센터에서 달리기를 할 때 사용되는, 흔히 '러닝머신'이라는 콩글리시로 불리는 바로 그 기계이다.

"코끼리는 생각하지 마!"

누군가 우리에게 "뭐든 생각해도 좋지만, 코끼리는 생각하지 마세요!"라고 말한다면, 우리의 뇌에서 어떤 일이 벌어질까. 다른 무엇도 아닌 코끼리가 즉시 떠오르고, 코끼리에 대한 생각은 가지에 가지를 치며 뻗어 나갈 것이다. 얼마 전 다녀온 동물원에서 능숙한 솜씨로 과자를 받아먹던 코끼리이든, 〈동물의 왕국〉에서 본 초원을 늠름하게 활보하는 코끼리 떼이든, 아니면 '장님 코끼리 만지기'라는 속담이든. 그렇다면 왜 이런 일이 벌어질까?

코끼리라는 말을 듣는 순간 우리 뇌 안에서는 코끼리와 관련된 신경회로 체계, 다른 표현으로 코끼리와 관련된 프레임이 활성화되기 때문이다. "코끼리를 떠올려 보세요!"라고 말하든, "코끼리는 생각하지 마세요!"라고 말하든 결과는 크게 달라지지 않는다. 인지언어학의 창시자이자 프레임에 대한 연구의 선구자이기도 한 조지 레이코프(1941~)의 베스트셀러 제목이 바로 『코끼리는 생각하지 마』이다.

조지 레이코프는 프레임을 '우리가 세상을 바라보는 방식을 형성하는 정신적 구조물'이라고 정의한다. 프레임은 창문 · 액자 · 안경의 테두리, 가구·건물·신체의 뼈대를 말한다. 사물의 모양을 결정짓는 틀이 프레임이다.

우리는 우리 뇌가 이해하도록 허락한 것만을 이해할 수 있고, 우리 뇌 안의 프레임으로 수용 가능한 것만을 받아들일 수 있다. 그릇 모양 그대로, 그릇이 허락하는 양만큼만 물을 담을 수 있는 이치와 같다. 손오공이 단숨에 10만 8천 리를 날아가는 근두운을 타고 아무리 내달려도 부처님의 손바닥을 벗어나지 못하는 것에 비유할 수도 있겠다. 물을 담는 그릇, 부처님의 손바닥이 바로 프레임이다.

우리는 우리 뇌가 이해하도록 허락한 것만 이해할 수 있다는 발상이 완전히 새로운 것은 아니다. 사서(四書)의 하나인 중국의 고전 『대학』에 등장하는 '격물치지'(格物致知)도 프레임과 관련이 있다. 이 문장의 해석을 둘러싸고 주자학과 양명학 사이에 중국 사상사를 대표하는 유서 깊은 논쟁이 있지만, '격물'의 '격'의 의미는 틀, 즉 프레임이다. 골치 아픈 철학 논쟁을 한 겹 걷어 내고 보면 '격물치지'는 앎에 이르기 위해서는 대상을 '프레임화'하는 일이 선행되어야 한다는 의미이다.

프레임의 중요성을 인식하고, 풍부한 사례들을 통해 이를 설명하려 노력한 사상가로 맹자를 꼽을 수 있다. 『맹자』 첫 부분을 보자.

맹자가 양나라의 혜왕을 뵙자, 혜왕이 말했다. "노인께서는 천 리 길을 멀다고 여기지 않고 저를 찾아와 주셨으니, 제 나라에 이익(利)이 생기겠지요?" 맹자가 대답했다. "왕께서는 하필 이익을 말씀하십니까? 오직 사랑(仁)과 정의(義)가 있을 뿐입니다. 왕은 '어떻게 하면 내 나라에 이익이 생길까?'를 생각하고, 대부들은 '어떻게 하면 내 가문에 이익이 생길까?'를 생각하며, 백성들은 '어떻게 하면 내 자신에게 이익이 생길까?'를 생각한다면, 위아래가 서로 이익을 다투어 나라가 위태롭게 됩니다. 만승의 나라에서 그 임금을 시해할 사람은 반드시 천승의 가문에서 나오고, 천승의 나라에서 그 임금을 시해할 사람은 반드시 백승의 가문에서 나오는 법입니다. 만에서 천을 취하고 천에서 백을 취하는 것도 이미 적지 않습니다. 그러나 정의를 제쳐두고 이익만 앞세운다면, 전부를 빼앗지 않고서는 만족할 수 없습니다. 사랑을 실천하면서 부모를 버린 사람은 없고, 정의를 실천하면서 임금을 등한시하는 사람은 없습니다. 왕께서는 사랑과 정의만을 말씀하실 일이지, 하필 이익을 말씀하십니까?"

맹자와 양나라 혜왕의 위 대화는 프레임의 관점에서 해석할 수 있다. 새로 왕좌에 오른 양나라의 젊은 혜왕의 머릿속에는 오직 이익, 즉 자국의 부국강병만이 자리하고 있다. 그러나 이익을 국정의 전면에 내세우면 각각의 지위에 있는 사람들이 서로 자신의 이익을 차지하기 위한 다툼에 빠져 결국 나라는 대혼란에 빠지고 만다는 것이다. 결국 이익이라는 프레임에서 사랑과 정의라는 프레임으로 국정 철학을 전환하라는 것이 맹자가 혜왕에게 들려준 정치적 조언의 핵심이다.

최근 뇌과학과 인지과학, 그리고 대중매체의 발전에 힘입어 프레임에 대한 이해는 더욱 심화되고 있다. 뇌의 작동 원리에 대한 이해가 깊어지면서 프레임이 우리 뇌 안의 시냅스에 근거를 두고 있고, 신경회로의 형태로 물리적으로 존재한다는 사실이 밝혀지고 있다. 그리고 신문, 라디오, TV를 비롯하여 최근의 SNS혁명에 이르기까지 미디어의 다양화가 가속화되고, 이들 미디어에 대한 접근이 일상화되면서 프레임의 영향력과 중요성은 이전과 비교할 수 없는 새로운 국면을 맞이하고 있다.

세상을 넘나드는 틀, 프레임

프레임은 우리 뇌의 신경회로라는 물리적 실체에 자리 잡고 있기는 하지만, 직접 보거나 만질 수 있는 대상은 아니다. 우리가 프레임을 인식할 수 있는 가장 중요한 통로는 바로 언어이다. 코끼리의 사례에서 보듯 특정 단어나 표현은 우리 뇌 안에서 특정 프레임을 활성화하고, 역으로 특정 프레임은 특정 단어나 표현을 통해 밖으로 드러난다. 프레임이 언어 그 자체는 아니지만, 우리가 프레임을 다루면서 언어에 집중할 수밖에 없는 이유는 이 때문이다.

새로운 프레임을 형성하거나 한 번 형성된 프레임을 바꾸는 일은 어렵다. 프레임을 형성하거나 바꾸는 일은 뇌 속의 신경회로를 새로 만드는 일이기 때문이다. 오랫동안 여러 사람들이 다녀서 만들어진 길이 좀처럼 바뀌지 않은 것과 같은 이치이다. 새로운 프레임을 형성하거나 프레임을 바꾸는 일은 보수주의자들보다 진보주의자들에게 더 어렵다. 우리를 비롯하여 대부분의 나라들에서 프레임이 형성되는 주요 통로인 언론과 미디어를 보수주의자들이 장악하고 있기 때문이다. 상대의 프레임을 사용하면 전투를 시작하기도 전에 패배를 자초하고 만다. 기울어진 운동장에서 싸우기 때문이다. 2000년 대선 당시 미국에서 'tax relief'라는 용어를 공화당 지지자뿐 아니라 민주당 지지자들도 일상적으로 사용했던 일, 2005년 이후 '세금 폭탄'이라는 표현이 일상화되어 보수 세력뿐 아니라 진보 진영에서도 별다른 성찰 없이 지금까지 사용하고 있는 일이 좋은 사례이다.

새로운 사실들을 단순히 나열하는 것만으로는 사람들의 생각을 변화시키기는 어렵다. 일반적인 예측과 달리, 진실에 반하는 사실들이 제시되면 대부분의 경우 프레임은 건재하고 사실들만

뇌 밖으로 튕겨져 나간다. 우리는 우리 뇌가 이해하도록 허락한 것, 우리 뇌 안의 프레임으로 수용 가능한 것만을 이해하고 받아들일 수 있다는 사실을 상기시켜 보자. 세금 인상으로 확대되는 복지의 수혜자가 될 가능성이 높은 저소득층, 저학력자일수록 세금 인상에 반대하는 보수 정당에 더 많이 투표한다는 사실은 널리 알려져 있다. 여론조사나 선거 과정에서 명백한 사실들에도 아랑곳하지 않고 자신의 이익에 반하는 응답이나 투표를 하는 유권자들이 많은 것은 이처럼 프레임과 관련이 깊다.

긍정의 형태로 사용하든, 부정의 형태로 사용하든 프레임은 변함이 없다는 점을 기억하는 일도 중요하다. "코끼리를 떠올려 보세요!"라고 말하든, "코끼리는 생각하지 마세요!"라고 말하든 결과는 달라지지 않는다. "담배 언제 끊었어요?"라는 질문에 "담배 끊은 적 없는데요"라고 반박해도 담배를 피우고 있다는 전제는 변하지 않는 것과 마찬가지 이치이다.

그렇다고 새로운 프레임을 형성하거나 형성된 프레임을 바꾸는 일이 불가능하지는 않다. 막대한 건설비용이 들기는 하지만 옛길을 지우고 새로운 길을 만들 수 있지 않은가? 프레임의 원리를 이해하는 일, 세계에 대한 우리의 인식에 프레임이 미치는 영향력을 성찰하는 일이 선행되어야 한다. 그래야 특정 세력들이 자신의 목적을 위해 끊임없이 생산해 내는 프레임에 휘둘리지 않을 수 있다.

'애완동물'이라는 말 대신 '반려동물'이 일상화된 지금 동물을 대하는 인간의 태도에는 분명 변화가 있다. '폐막·폐쇄'는 물론 '폐인·폐비'까지 연상시키는 '폐경(閉經)'이라는 말보다는 '완성·완수·완결·완주' 등을 연상시키는 '완경(完經)'이 여성의 신체 변화에 대한 고통과 사회적 편견을 줄이는 데 효과적이다. '고장'이라는 팻말보다는 '점검 중'이라는 팻말이 내걸린 엘리베이터 앞에서 인내심이 쉽게 발휘되고, '휴식 중'이라는 팻말 대신 '준비 중'이라는 팻말을 내건 식당이 훨씬 믿음직스럽다. 아파트값 하락을 '부동산 침체'로 볼지, '집값 안정'으로 볼지에 따라 정부의 부동산 정책을 포함한 많은 것들이 달라진다. '연금 혜택'이나 '연금 수혜'라는 평범한 말에도 거악은 꿈틀대고 있다. 연금은 퇴직 이후를 대비해 노동자 급여의 일부를 적립해 놓은 돈이지 고용자가 피고용자에게 베푸는 혜택이나 선물이 아니다. "연금을 지급할 '여력'이 없다"고 뻔뻔하게 말하는 정부나 회사가 있다면, 이들은 자신의 범죄를 자백하고 있는 것이다.

방송인 김제동의 발언은 '상대 프레임에 휘둘리지 않기', 나아가 '상대 프레임 조롱하기'와 관련하여 흥미로운 사례를 보여 준다. 사드의 한반도 배치와 관련하여 반대 여론이 들끓던 2016년 여름, 김제동은 사드 배치 1차 후보지로 선정된 성주를 찾아 반대 농성 중이던 시민들을 상대로 지지 발언을 했다. 정부와 주류 언론들은 사드 배치를 반대하는 시민들을 '종북(좌파)', '외부세력'이라고 부르며 비난의 수위를 높여 가고 있었다. '종북(좌파)', '외부세력'은 '좌익', '빨갱이'에 이어 보수가 진보를 공격할 때 약방의

감초로 처방하고 있는 두 프레임이다. '좌익 → 빨갱이 → 종북(좌파) → 외부세력' 트레드밀인 셈이다. 김제동은 성주 발언에서 이 프레임들에 균열을 냈다. 보수세력이 그동안 공을 들여 다듬어 온 두 프레임을 쉽사리 버리지는 않겠지만, 이들을 들이밀 때마다 '나는 종북이 아니라 경북', '성주의 외부세력은 사드뿐'이라는 연상 작용과 맞서야 하게 되었다.

말은 힘이 세다. 말이 가진 힘은 올바르고 공정해야 하지만, 말에는 권력의 욕망이 깃들기 마련이다. 사익을 도모하기 위해 말의 힘을 부당하게 이용하려는 음모에 부단히 맞서야 한다. 무라카미 하루키는 『직업으로서의 소설가』에서 다음과 같이 말했다.

> 말에는 확실한 힘이 있습니다. 그러나 그 힘은 올바른 것이 아니어서는 안 됩니다. 적어도 공정한 것이 아니어서는 안 됩니다. 말이 본래의 의미를 잃고 제멋대로 왜곡되어서는 안 됩니다.

생각이 바뀌면 행동이 바뀌고, 행동이 바뀌면 습관이 바뀌며, 습관이 바뀌면 운명이 바뀐다고 말한다. 이제 세계를 넘나드는 틀, 프레임을 첫머리에 놓아 보자. 프레임이 바뀌면 언어가 바뀌고, 언어가 바뀌면 생각이 바뀐다. 생각이 바뀌면 행동이 바뀌고, 행동이 바뀌면 습관이 바뀌며, 습관이 바뀌면 결국 세계가 바뀐다. 프레임을 재구성하는 일은 바로 세계를 재구성하는 일이다.

박상준

서울대에서 국문학을 전공하여 박사학위를 받았다. 현재 포스텍 인문사회학부 교수로서 이공계 학생들과 문학 및 문화 이야기를 하고 있다. 아태이론물리센터 과학문화위원, 한국장학재단 운영위원, 몇몇 국문학회의 임원으로 활동하고 있다. 일반 교양서로 『꿈꾸는 리더의 인문학』과 『에세이 인문학』을, 문학평론집으로 『문학의 숲, 그 경계의 바리에떼』와 『소설의 숲에서 문학을 생각하다』를, 학술서로 『통념과 이론』, 『형성기 한국 근대소설 텍스트의 시학』 등을 펴냈다.

05

홍길동이 집을 떠난 까닭

1.

「홍길동전」은 한국인이라면 누구나 아는 작품이다. 소설을 직접 읽지 않았더라도 그 내용을 모르는 사람은 없다. 교과서에 여러 차례 실리기도 했고, 홍길동 이야기가 동화나 만화, 영화 등으로 끊임없이 각색되어 온 까닭이다.

이럴 수 있는 데는 몇 가지 이유가 있다. 「홍길동전」은 한글로 쓰인 최초의 소설이자 무예가 뛰어난 영웅을 주인공으로 등장시킨 첫 번째 소설이기도 하다. 한글로 쓰였으니 조선 시대부터 일반 사람들이 읽을 수 있었고, 사회 비판적인 내용이 있어 지식인들에게도 주목을 받았다. 무엇보다도, 영웅의 일생을 보여 주는 이야기 구조 자체가 흥미 있는 것이어서, 그 이후로 '○○○전'이라는 제목으로 비슷한 구조를 가진 수많은 아류 작품들이 생기게 되었다. 이렇게 영웅 소설의 선구적인 작품으로서 옛날부터 줄곧 사람들의 이목을 끈 것이 「홍길동전」이다.

'영웅의 일생'이라는 이야기 구조가 사람들의 흥미를 끄는 이유는 무엇일까. 영웅 소설의 주인공은 특이한 출생을 보여 준다. 오랫동안 자식이 없던 집에, 부모의 치성이나 천상계 도인의 예고 등을 통해 태어난다. 갓 태어난 아기의 등에 북두칠성이 있거나 기골이 장대하거나 하는 식으로 특이한 면모를 보이는 주인공들은 성장기에 큰 고통을 겪는다. 안으로는 집안이 붕괴되고 밖으로는 나라가 위기에 처하게 마련이다. 이 과정에서 집을 나와 고생을 겪게 되는 주인공이 스승을 만나서 수련을 한 끝에 영웅이 된다. 그 다음은? 나라를 위기로부터 구하면서 자신의 가족과도 행복하게 만난다. 전형적인 해피엔딩으로 끝을 맺는 것이다.

이러한 '영웅의 일생' 구조에서 가장 먼저 눈에 띄는 점은 이들 영웅이 태어날 때부터 영웅은 아니라는 사실이다. 이러한 이야기의 주인공은, 비범하긴 해도 영웅은 아닌 상태에서 영웅이 되는 수련을 거치고 마침내 영웅다운 행동을 보이게 된다. 이러한 주인공의 상태 변화가 이야기의 변화와 맞물려 있는 것은 물론이다. 주인공이 갖은 고난을 겪다가 영웅이 되고 나서 위기를 극복하여 집안은 물론이요 나라의 평화를 되찾는 것이, 영웅 소설의 이야기가 보이는 기본적인 변화 양상이다. 이렇게 '영웅의 일생' 구조를 보이는 영웅 소설들은 한편으로는 주인공의 상태 변화를 보이고 또 한편으로는 이야기 흐름상의 급격한 변화를 보이면서 홍미를 높인다. 사건들이 끊임없이 맞물리면서 이야기가 신속히 그리고 크게 전환될 때, 그러한 변화에서 재미가 생기는 것이다.

2.

이러한 이야기 구성의 원형을 처음 보인 「홍길동전」의 줄거리를 간략히 요약해 보면 다음과 같다.

세종대왕 시절, 서울에 사는 홍 판서가 시비(侍婢: 시중드는 여자 종) 춘섬과의 사이에 아들을 얻는다. 그가 홍길동이다. 오늘날 장관에 해당하는 판서의 자식이지만 어머니가 종이기 때문에 서자(庶子)인 홍길동은, 홍 판서를 아버지라 부르지 못하고 적자(嫡子)인 홍인형을 형이라 부르지 못한다. 밖으로는 과거를 보아 벼슬을 얻어 정치를 할 수도 없다. 부친의 꿈에서도 예견되었듯이 뛰어난 재능을 타고났고 스스로 공부하여 놀라운 문무를 갖추었지만 그러한 실력을 발휘할 가능성은 없는 상태다. 따라서 사나이 대장부 홍길동의 가슴속에는 울분만 쌓이게 된다. 이러한 때 홍 판서의 다른 첩 초란이 보낸 자객이 들어오자 그를 가볍게 제압한 뒤, 홍길동은 마침내 집을 떠나게 된다. 정처 없이 길을 가던 중 홍길동은 바위 둘레에 모여 있는 사람들을 만나게 된다. 인근의 도적들이 새로 두목을 뽑기 위해 바위 들어 올리기 시합을 하고 있던 것을 알고, 홍길동이 바위를 번쩍 들어 버려 두목으로 추대된다. 홍길동은 부하들을 이끌고 기묘한 계책으로 해인사의 보물을 빼돌려 가난한 사람들에게 나누어 준다. 이후 자신들을 활빈당(活貧黨)이라 하며 의적 활동을 보인다. 전국 팔도에 있는 부정한 수령들의 재물을 빼앗아 빈민들을 구제하는 것이다. 활빈당에게 재물을 탈취당한 함경도 감영의 장계로 인해 조정에서는 홍길동을 잡아들이고자 하지만, 각종 도술을 부리며 신출귀몰하는 홍길동을 어찌할 수가 없다. 결국 조정에서는 홍 판서와 홍인형을 내세워 홍길동을 성으로 불러들이고 병조판서의 벼슬을 내려 회유한다. 후에 홍길동은 남경으로 가다가 율도국을 발견하고 요괴를 퇴치한 후 율도국의 왕이 되어 어머니를 모시고 행복하게 산다.

「홍길동전」의 이러한 줄거리에서 이 소설이 드러내고자 하는 생각 곧 주제가 확인된다. 홍 판서 집안 내에서의 이야기를 통해서는 적서차별의 부당함에 대한 비판이 드러난다. 뛰어난 재능이 있어도 단지 신분상의 이유로 뜻을 펼 수 없게 하는 봉건제도의 문제를 비판적으로 보고 있는 것이다. 이야기의 뒷부분 곧 홍길동의 활빈당 활동을 통해서는 당시 벼슬아치들의 부정부패에 대한 비판 의식을 확인할 수 있다. 저 옛날 공자님이 말했듯이 호랑이보다도 더 무서운 가혹한 정치[가정맹어호(苛政猛於虎)]의 폐해를 넘어서고자 하는 로빈 후드와 같은 홍길동의 활약을 통해서, 각 도의 수령들이 백성들의 삶을 매우 어렵게 만드는 현실을 비판하고 있는 것이다. 홍길동이 율도국의 왕이 되는 이야기의 끝부분

마은저의욕심이몸을생각지못ᄒᆞ야이시ᄒᆞᆫ후몸을날
여방즁의드러가니길동은간ᄃᆡ업고일진광풍이이러나뇌
셩벽녁이쳔지진동ᄒᆞ며운무ᄌᆞ옥ᄒᆞ여동서을분별치못
ᄒᆞ며좌우을살펴보니쳔봉만학이즁즁쳡쳡ᄒᆞ고뒤희창
일ᄒᆞ야경션을슈십지못ᄒᆞ는지라특ᄌᆡ넉림의혜아리되
너앗가분명방즁의드러와거든산은어인산이며물은어인
물인고ᄒᆞ야갈바을아지못ᄒᆞ더니문득옥져소리드리거날
살펴보니쳥의동ᄌᆞ빅학을타고공즁의다니며불너왈너
는엇더ᄒᆞᆫᄉᆞᄅᆞᆷ이과ᄃᆡ이집푼밤의비슈을들고뉘를해코
져ᄒᆞ는다특ᄌᆡ되왈내분명길동이로다나ᄂᆞᆫ너희부형의
명영을바다너를취ᄒᆞ러왓노라ᄒᆞ고비슈을ᄃᆞ러더지니
문득길동은간ᄃᆡ업고음풍이ᄃᆡ작ᄒᆞ고벽녁이진동ᄒᆞ며
즁쳔의살괴ᄲᅮᆫ이로다즁심의ᄃᆡ겁ᄒᆞ여칼을ᄎᆞᄌᆞ며왈
너남의저물을욕심ᄒᆞ나ᄀᆞ수지며ᄆᆡᆺ시니슈원슈구ᄒᆞ
리요ᄒᆞ며머리타식ᄒᆞ더니문득이욱고길동이비슈을

들고공즁의셔우여왈필부는드르라네ᄌᆡ물을탐ᄒᆞ여무
죄ᄒᆞᆫ인명을살해코져ᄒᆞ니이제너을살녀두면일후의
무죄ᄒᆞᆫᄉᆞᄅᆞᆷ이허다이상ᄒᆞᆯ지라엇지살녀보니리요ᄒᆞᆫᄃᆡ
특ᄌᆡ이걸왈파연소인의죄아니오라공ᄌᆞ되초낭ᄌᆞ의소위오
니바라옵건ᄃᆡᄀᆞ련ᄒᆞᆫ시명을구제ᄒᆞ옵셔일후의ᄀᆡ과
ᄒᆞ게ᄒᆞ옵소셔길동이더옥분을이긔지못ᄒᆞ야왈네의약
관이하날의ᄉᆞ못ᄎᆞ오날날ᄂᆡ손을비러악ᄒᆞᆫ유을업시게
ᄒᆞ미라ᄒᆞ고언파의특ᄌᆡ의목을쳐바리고신강을호령ᄒᆞ
여동뒤문밧긔상녀을ᄌᆞ바드ᄆᆡ수죄ᄒᆞ여왈네요망ᄒᆞᆫ년으
로저상ᄀᆞ의츌입ᄒᆞ며인명을상해ᄒᆞ니네죄을네아는다
관상녀졔접의셔ᄌᆞ오다ᄀᆞ공윤의ᄊᆡ이여ᄒᆞᆯ탕ᄃᆡ이아모
되로ᄀᆞ노츌모로더니문득길동의우지진ᄂᆞᆫ소리을듯고위
결왈이는다소녀의죄ᄀᆞ아니오라초낭ᄌᆞ의ᄀᆞ르치미오니
바라건ᄃᆡ인후ᄒᆞᆫ신마음의죄을관셔ᄒᆞ옵소셔ᄒᆞ거날길
동이가로ᄃᆡ초낭ᄌᆞ는니의ᄀᆞᄆᆞ라의논치못ᄒᆞ련이와너의

은 해외 진출 사상 혹은 유토피아 지향을 보여 준다고 할 수 있다. 홍길동이 마주했던 문제들이 없는 새로운 나라를 보여 줌으로써 보통 사람들이 편히 살 수 있는 새로운 세상의 가능성을 제기한 것이다.

「홍길동전」의 주제를 한마디로 요약하면 '봉건사회에 대한 비판'이라고 할 수 있다. 구체적으로는 봉건사회가 보이는 '적서차별'과 '양민수탈'의 문제를 폭로, 비판하고 그러한 문제가 없는 새로운 세상 곧 '유토피아를 추구'한 것이 이 소설의 주제라 할 수 있다.

3.

스스로를 소중화(小中華: 작은 중국)라고 자부할 만큼 유교가 절대시되던 조선 시대 중기에 이러한 비판을 행한 것이 「홍길동전」의 의의이다. 조선 시대 중기라 했는데, 정확히 말하자면 광해군에서 선조에 이르는 시기가 이 소설이 태어난 때이다. 「홍길동전」의 작가는 허균으로 알려져 있다. 현재 우리에게 전하는 「홍길동전」의 판본들은 허균이 생전에 직접 쓴 작품이 아니지만, 원작자가 허균이라는 사실에는 별다른 이견이 없다. 「홍길동전」의 의의를 보다 깊이 따져 보기 위해서는, 허균이 어떤 사람이었는지를 그 시대 상황에 비추어 생각해 볼 필요가 있다.

허균은 선조 3년 1569년에 태어나 광해군 10년 1618년에 옥고로 사망한 일대의 불운아라고 할 수 있다. 그는 경상도 관찰사를 지낸 동인의 영수 초당 허엽의 셋째 아들로 태어났다. 첫째 형인 허성은 이조판서와 병조판서를 지냈고, 둘째 형 허봉 또한 문재가 뛰어났고 누나인 허난설헌은 지금까지도 유명한 여류 문사이다. 한마디로 말해서 허균의 집안은 당시 한창 잘나가던 양반가였다.

그는 누이 허난설헌과 함께 중형인 허봉의 친구 이달을 스승으로 삼아 공부했는데, 이달은 조선 중기의 가장 뛰어난 시인 중 한 명으로 일컬어졌지만 서얼 출신이어서 제 뜻을 펼칠 수는 없는 신세였다. 이런 탓도 있고 집안의 막내이기도 하고 천성도 작용하여, 허균은 당시로서는 매우 자유분방한 삶을 살았다. 유교가 지배적인 사회에서 불교에 심취하기도 했으며, 유교적인 질서보다 하늘의 뜻이 앞선다 하면서 본성을 중시하여(!) 기생들을 가까이 하기도 했고 서얼들과도 친분을 맺었다.

이런 상황에서 허균은 광해군 5년 1613년에 벌어진 '칠서지옥(七庶之獄)' 사건 곧 당대 명문가의 서자들 일곱 명이 반역을 꾀한 사건에 연루될 위험에 처한다. 그 주동자 중 한 명인 심우영의 스승 격이었기 때문이다. 이로 인해 자신의 안위를 꾀하고자 당시의 세력가인 이이첨에 의탁하여 호조참의와 형조판서에 이르기까지 한다. 하지만 인목대비 폐위를 이끄는 등 과격한 정치 활동을 하다가 정적을 많이 만들게 되어, 끝내 역모 혐의로 고발되어 제대로 된 판결도 받지 못한 채 죽음을 당하고 말았다.

이러한 행적에서도 짐작되듯이 허균은 명문가의 자제로 태어났으나 당시의 지배 질서와는 거리를 둔 사람이었다. 저 앞의 김시습이나 후대의 김삿갓 김병연 등과 함께, 허균처럼 양반가 출신이지만 권력 질서에 안정적으로 편입되지 못하고 그 테두리 바깥에 있던 사람들을 '방외인'이라고 한다. 이들 방외인은 조선 시대의 정치 질서에 대해 나름대로 거리를 두었다는 점에서 실제적인 봉건 질서 너머를 살짝 엿본 사람들이라고 할 수 있다.

허균이 「홍길동전」을 통해서 조선 사회에 대한 비판을 드러내게 된 사정을 이런 맥락에서 짐작해 볼 수 있다. 당시의 일반적인 양반들과는 달리, 그는 평소부터 서얼들과 친분도 갖고 있었고, 불교를 숭배하기도 했으며, 기생에 대한 사랑을 시로 써서 만천하에 드러내기도 했다. 「홍길동전」 외에도 「엄처사전」, 「손곡산인전」, 「남궁선생전」과 같은 전(傳)을 써서 사대부 일반의 합리적인 세계관과는 다른 삶의 방식을 제시하기도 했으며, 「호민(豪民)론」을 써서 백성들을 잘 보살피지 않으면 혁명이 일어날 수 있음을 주장하기도 했다.

서자인 주인공이 의적 활동을 보이고 마침내 왕이 되어 새로운 나라를 세우는 「홍길동전」의 이야기는, 유교 국가 조선이 한창 번성하고 있던 시기에 위에서 본 것처럼 방외인 같은 삶을 산 허균이 아니면 쓰기 힘든 것이라 할 수 있다. 홍길동은 호민에서 영웅이 된 주인공이라 할 수 있고, 「홍길동전」이 보이는 적서차별 비판은 그의 「호민론」이나 개인사에서 근거를 찾을 수 있는 것이다.

4.

「홍길동전」의 주제가 봉건사회 비판에 있으며 이는 허균이 보인 방외인적인 성격에 닿아 있다는 사실까지 확인했는데, 이만하면 「홍길동전」에 대해 충분히 말한 것일까. 그렇지 않다. 이 작품을 좀 더 깊게 살펴보면 겉으로 보이는 주제와는 다른 점이 발견되기 때문이다. 작품을 깊게 읽는다는 것은 형식적인 특징까지 생각해 보는 일이다. 작품의 내용이 직접 말해 주는 것 외에 작품의 형식에 의해서 함축되는 의미까지를 읽어 보는 일이므로 깊게 읽는다고 할 만하다.

일반적으로 문학작품이 갖는 효과는 두 가지 면에서 찾아진다. 'What'과 'How'가 그것이다. 바꿔 말하면, 작품의 내용이 '무엇'에 대한 것인가가 하나고, 그 내용을 '어떻게' 표현하고 있는가가 다른 하나이다. 둘 다 중요하지만 좀 더 의미 있는 것은 '어떻게'이다. 생각해 보면 어떤 작품의 고유한 특징은 그것이 어떠한 내용을 담고 있는가보다는 그 내용을 어떻게 드러내고 있는가에서 찾아지기 때문이다.

예를 들어 연애소설을 생각해 보자. 남녀 간의 사랑을 다루는 소설이 무수히 많다는 점은 누구나 동의할 것이다. 이러한 상황에서 하나의 연애소설이 갖는 자기만의 특징이란, 그러한 사랑을 어떻게 표현하고 있는가 하는 형식 차원에서 찾아지게 마련이다. 바로 이러한 이유로 어떤 소설 작품을 읽을 때 그 작품 고유의 특징까지 파악하기 위해서는 작품이 '말하는 내용[What]'에 머물지 말고 그것을 '말하는 방식[How]' 즉 형식적인 특성까지 살펴보아야만 한다.

「홍길동전」이 보이는 형식적인 특징 가운데 가장 두드러지는 것은 무엇인가. 서사 구성에 있어서 이 이야기가 크게 세 부분으로 나뉜다는 사실이다. 이 세 부분을 나누는 두 개의 마디가 바로 홍길동의 '출가'와 '출국'이다. 즉 홍길동이 홍 판서 집에서 겪는 이야기가 첫째 부분이고, 조선에서 활빈당 활동을 하는 것이 둘째며, 율도국 왕이 되는 마지막 이야기가 셋째 부분이 된다. 이렇게 세 부분으로 「홍길동전」의 이야기가 나뉘면서 생기게 되는 의미는 무엇일까. 이것이 바로 「홍길동전」의 형식이 갖는 의미가 된다. 하나씩 생각해 보자.

홍길동이 홍 판서의 집을 나가는 것 즉 그의 출가가 갖는 의미는 무엇일까. 이 질문에 답하기는 물론 쉽지 않다. 이럴 때 우리가 취할 수 있는 좋은 방법은, 현재 우리가 보는 것과 달리 홍길동이 집을 나가지 않았다면 이야기가 어떻게 되었을까를 생각해 보는 것이다. 홍길동이 계속 홍 판서의 집에 있었다면 무슨 일이 벌어질까. 두 가지를 예상해 볼 수 있다.

하나는, 현재 상태 그대로 호부호형 하지 못하는 채로 울분을 삭이며 지내는 것이다. 자객의 침입을 받아 목숨까지 위협받았으면서도 아무 일도 없던 듯이 그대로 서자의 신세를 참고 지내는 것이다. 이것이 가능할까, 질문해 보면 그렇다고 말하기는 어렵다. 이미 도술까지 마음대로 구사할 수 있을 만큼 상상을 초월하는 문무를 갖추었는데 바보처럼 참고 지낸다는 것은 있을 법하지 않다. 소설 속의 상황이 실제라면 누구라도 그렇게 참기만 하며 지내기는 쉽지 않을 것이다.

따라서 홍길동이 집에 계속 머문다면, 자신을 죽이려 한 초란을 어떤 식으로든 벌하게 될 것이라고 생각해 볼 수 있다. 이것이 두 번째 가능성이다. 그런데 이렇게 한다면 이미 그것은 당대 사회의 가부장적인 질서에 도전하는 것이 된다. 부친의 첩을 벌하는 것은 부친이 믿고 따르는 유교 질서에 반항하는 것이 되기 때문이다. 이러한 방향으로 나아간다면 결국 홍길동은 호부호형까지 할 수 있는 상태 곧 적어도 자기 집에서 적서차별이 폐지되는 상태로까지 나아가지 않을 수 없게 된다.

이러한 두 가지 가능성의 결과를 정리하면 홍길동이 집을 나가는 이유가 명확해진다. 홍길동이 집에 그대로 있게 되면, 그가 계속 참고 지낸다 하는 설득력이 없는 이야기를 쓰든가 홍 판서 집안의 유교적, 가부장적 질서를 깨뜨리는 엄청난 이야기를 써야 한다. 그런데, 앞의 경우라면 사실 「홍길동전」과 같은 소설이 될 수 없게 되고, 사람들 또한 읽고 싶어 하지 않을 것이다(죽도록 참고만 지내는 영웅 같지 않은 영웅 이야기를 누가 좋아하랴!). 허균이 아니라 누구라도 그런 소설을 쓸 생각은 하지 않으리라 하겠다. 즉 그런 경우라면 아예 소설이 되지 않는 것이다. 뒤의 경우라면 어떨까. 판서를 지내는 양반의 가정을 배경으로 해서 적서 차별이 없는 상황을 그린다면? 다시 말하지만, 당시 사회의 기준에서 보면 이것은 가히 혁명적인 것이 된다. 집안 내에서 관철되는 유교의 근본 질서를 무너뜨리는 것이기 때문이다. 집안의 가장은 나라의 임금이기도 하니, 이렇게 쓴다면 봉건 질서를 무너뜨리고자 하는 반역죄에 해당하기도 할 것이다.

여기까지 와서 보면 홍길동이 출가할 수밖에 없는 이유가 명확해진다. 하나는 허균이 사람들이 읽을 만한 소설을 쓰고자 했기 때문이고, 다른 하나는 소설을 통해서 적서차별의 문제를 지적해 보려고는 했어도 봉건 질서 자체를 부정하는 데까지 나아가지는 못했기 때문이다. 물론 홍길동이 집안에 있으면서 적서차별에 따르는 문제를 보여 주었다는 것과, 그가 집을 떠나 활빈당 활동을 보여 주었다는 사실을 잊을 수는 없다. 홍길동의 출가라는 모티프가 있어서 그 전후로 적서 차별의 문제와 부정한 관리의 횡포 문제를 폭로, 비판할 수 있었던 점을 잊지 말아야 한다는 것이다. 그렇지만 바로 그러한 효과를 보이는 출가 모티프를 통해서, 동시에, 홍길동이 적서 차별의 문제를 집안에서 '해결'하는 데까지 나아가지는 못했다는 사실, 천하의 허균도 그렇게 쓸 수는 없었다는 점 또한 분명하다. 즉 적서 차별의 문제를 드러내기는 했지만 그것이 해결된 상태를 보여 주면서 그러한 차별이 반드시 해결되어야만 한다고 주장하는 데까지 이르지는 못했다는 것이다. 「홍길동전」에서 길동이 집을 나가는 설정은 바로 이렇게 이 소설의 의의와 한계 두 가지를 모두 드러내 준다.

홍길동이 조선을 떠나는 '출국'도 마찬가지로 두 가지 의미를 갖는다. 로빈 후드가 아니라 거의 손오공 수준으로 조선 팔도에서 활약하는 홍길동이 누구에게든 사로잡힐 일은 사실상 없다는 점을 고려하면, 그가 병조판서를 제수 받아 얌전히 계속 지내는 것은 기대하기 어려운 일이다(액션히어로가 나오는 할리우드 영화를 생각해 보라). 따라서 홍길동의 출국도, 그가 조선을 떠나지 않는다면 벌어질 수밖에 없는 사건 전개 곧 홍길동 스스로 조선의 왕이 되는 상황을 허균이 차마 그릴 수 없어서 도입된 모티프라고 할 수 있게 된다. 홍길동의 출국이 율도국 왕이 되는 것으로 이어져서 해외 진출 사상이나 유토피아 지향성이 이 소설의 주제가 되는 것은 물론 사실이지만, 바로 그러한 출국으로 인해 조선 내에서의 개혁을 그리지는 못하게 된 것도 엄연한 사실이다. 백성을 도탄에 빠뜨리는 봉건사회의 문제를 폭로하기는 했지만 그러한 사회를 뒤엎는 혁명적인 전개까지 그릴 수는 없었던 작가의 한계가, 홍길동의 출국 모티프를 통해 확인되는 것이다.

지금까지 봐 온 대로 「홍길동전」의 서사 구성이 보이는 주요한 특징 곧 홍길동의 출가와 출국으로 전체 이야기가 세 부분으로 나뉘는 사실은 두 가지 의미를 갖는다. 하나는 그러한 방식으로 당대 사회에 대한 비판이 가능해졌다는 것이고, 다른 하나는 바로 그 방식에 의해서 그러한 비판이 비판으로 그쳤을 뿐 봉건사회 자체를 부정하는 더 강한 주제로까지 나아가지는 못 하게 되었다는 것이다. 만약 홍길동이 조선을 떠나지 않고 스스로 왕이 되어 봉건사회의 문제가 없는 상황을 그리는 데까지 나아갔다면, 「홍길동전」은 봉건사회의 문제가 해결된 민주주의적인 이상향을 추구하는 혁명적인 모습을 담은 작품이 되어 세계문학사에 우뚝 서게 되었을 것이다. 이렇게만 생각하면 아쉽기도 하지만, 어떤 시대의 지배적인 이념을 완전히 부정하는 일이 이만큼 어렵다는 점을 보여 주었다는 의의를 하나 더 보태면서 아쉬움을 달래 두자.

5.

소설과 같은 이야기 문학을 감상할 때 겉으로 드러난 주제만 볼 것이 아니라 이야기의 구조가 보이는 주제까지 생각해 봐야 한다는 사실은 다른 많은 경우에도 적용된다.

판소리계 소설들이 대표적인 예이다. 우리가 아는 「춘향전」이나 「심청전」, 「흥부전」 같은 이야기 말이다. 이러한 이야기들을 보면 작품의 표면에서는 유교적인 이념을 강조하고 있지만 전개되는 이야기의 흐름은 정반대에 가까운 주제를 담고 있음이 확인된다.

「춘향전」을 보자. 겉으로는 변 사또의 수청 요구를 거절하면서 춘향이 강조하는 대로 여자의 정절을 내세우고 있지만, 이야기의 구조 즉 기생의 딸인 춘향이 마침내 고을 수령의 아들이자 암행어사인 이몽룡과 결혼해서 양반마님이 되는 스토리의 변화를 생각하면, 천민인 기생의 딸과 양반의 결혼을 통해서 당시의 신분 질서를 비판하고 있다는 사실을 알 수 있다. 이렇게 「춘향전」은 겉으로는 정절이라는 유교 이념을 내세우면서도 속으로는 유교 사회의 신분 질서를 넘어서고자 하는 바람을 표현하고 있다.

다른 경우들도 마찬가지다. 흥부와 놀부를 대비시키는 「흥부전」은 한편으로는 형제간의 우애를 강조하지만 다른 한편으로는 빈부의 격차가 심한 사회 상황을 비판하는 것이다. 「심청전」은 어떠한가. 부친의 눈을 뜨게 하려고 죽음을 마다하지 않는 심청의 이야기를 통해 표면상으로는 효성을 강조하지만, 이면적으로는 인신공양을 행하는 사회 풍토를 비판하고 가난이 얼마나 무서운 것인지를 폭로하고 있다.

이와 같이 판소리계 소설들은 작품의 겉과 속에서 거의 반대되기까지 하는 두 가지의 주제를 보여 준다. 작중인물이나 서술자의 말을 통해서는 유교 이념을 강조하지만 이야기의 구성 자체는 유교 질서에 반하는 내용을 담는 것이다. 이러한 사실을 가리켜서, 판소리계 소설들의 경우 두 가지의 주제 즉 표면 주제와 이면 주제를 갖는다고 한다.

판소리계 소설이 이러한 이중적인 주제를 갖게 된 데는 역사적인 상황이 작용하고 있다. 판소리계 소설은 노래로 불리던 판소리가 기록되면서 소설 형식으로 바뀐 것이다. 판소리는 원래 17세기 호남지역에서 행해진 굿판의 무당이나 사당패와 같은 연희집단에 의해 불렸을 것으로 짐작된다. 기원을 따지면 천민들이 부르던 노래였던 것이다. 그랬던 것이 이야기의 재미에 의해 점점 널리 퍼지고 청중 또한 다양해져서 마침내는 양반들까지도 끌어 모으게 되었는데, 이러한 과정에서 양반들의 비위에 맞추고자 유교적인 내용이 가미되었을 것이라 추측된다. 그 결과 18세기에 들어서면 전 국민이 즐기는 민속 문화가 된다. 이렇게 천민의 노래에서 전 국민의 이야기가 되면서, 원래부터 있었던 천민들의 바람과 나중에 가미된 유교 이념 두 가지가 하나의 이야기 속에 함께 섞이게 되었다. 천민들의 바람이 자신들도 부귀영화를 누리게 되는 것 곧 당시 봉건사회에서는 있을 수 없는 일을 꿈꾸는 것이었음은 물론인데, 이것이 이야기 구조에서 확인되는 이면 주제가 되었다. 한편 표면상으로는 긍정적인 주인공이 보이는 대로 정절이나 효도 같은 유교 이념이 주제가 된 것이다.

우리나라의 고전 소설만 이러한 것도 아니다. 세르반테스의 『돈키호테』는 내용상으로는 아마디스와 같은 멋진 기사를 칭송하는 것이지만 실제 이야기 구조를 통해서는 돈키호테의 우스꽝스러운 행동을 보여 줌으로써 기사(도) 자체를 풍자하고 있다. 현대의 고전이라 할 만한 움베르토 에코의 『장미의 이름』도 사정이 비슷하다. 겉으로 보자면 완고한 가톨릭 신학을 비판하면서 웃음으로 표상되는 인간적인 속성을 강조하는 것이지만, 그러한 지향이 실패하게 되는 이야기 전체의 진행과 결말을 보면 인간적인 것의 허무함 또한 드러내고 있다. 황석영이나 조세희의 리얼리즘 소설이 노동자의 바람과 주장을 드러내면서 동시에 현실적인 패배를 그려 보이는 것, 무라카미 하루키의 『상실의 시대』가 청년기의 방황을 보여 주되 두 겹의 회상을 통해 과거의 것으로 처리하는 것 등도 이들 소설의 주제를 복합적인 것으로 만들고 있다.

6.

홍길동이 집을 떠난 이유를 생각해 보면서 우리는, 소설을 읽는 바람직한 자세를 알게 되었다. 주인공이나 서술자가 직접적으로 드러내는 표면의 내용에 따른 주제만 보지 말고, 이야기의 전개 즉 서사 구성과 같은 작품의 형식이 함축하는 이면의 주제 또한 찾아보는 것이 좋다는 사실 말이다.

물론 소설 읽기에 변치 않는 법칙이 있을 리 없고 개인의 문화생활에 감 놔라 배 놔라 남이 참여할 것도 아니다. 하지만, 기왕 읽는 작품, 풍부하게 읽을 수 있다면 마다할 일이 아니다. 한 편의 소설을 읽으면서 느끼는 것이 많아지면 많아지는 만큼 더 의미 있다는 것이야 누구도 부정하지 않을 것이다. 내용[What]보다 형식[How]에 주목하여 문학예술작품을 감상하는 태도야말로 문학예술작품 본래의 특징을 잘 살려 주는 기본적인 자세이니 더욱 그러하다.

손향구

서울대학교 생물교육학과, 과학사과학철학 협동과정, 고려대학교 과학기술학 협동과정에서 수학하였다. 어린 시절부터 인간, 과학, 사회 전반에 호기심이 많아 스스로 질문을 던지고 주변 사람들과 소통하기를 즐겼다. 대학 입학 이후로 과학기술과 인간에 대한 문제를 다양한 관점에서 접근하고 분석해 왔으며, 이 과정에서 배운 내용을 토대로 학생, 청소년들과 교류하는 일에 참여해 왔다. 『과학시간에 사회공부하기』(공저)를 썼고, 『무엇이든 물어보세요』, 『레오나르도가 조개화석을 주운 날』(공역)을 우리말로 옮겼다. 현재 동국대학교 다르마칼리지에서 과학기술학 관련 강의를 통해 학생들과 소통하고 있다.

06

과학기술과 인류의 미래: 대멸종과 인류의 절멸, 피할 수 없는 것인가?

수백만 년에 걸친 인류의 역사에는 삶의 양식 자체를 바꾸는 커다란 변화가 몇 차례 있었다. 이 변화는 그 정도와 범위가 매우 커서 흔히 '혁명'이라 불린다. 농업혁명, 과학혁명, 산업혁명, 정보통신혁명 등이 이에 해당되며 대부분 과학이나 기술과 연관되어 있다는 공통점을 갖고 있다. 농사 기술의 등장이 '혁명'이라 불리는 이유는 수백만 년 이상 지속된 유랑 생활에 마침표를 찍고 정착 생활을 시작함으로써 인구가 증가하고 도시, 계급, 국가, 종교가 형성되는 등 사회 구조에 커다란 변화가 야기되었기 때문이다. 오늘날 우리가 생각하는 인간 사회의 구조적 기반이 이 시기에 다져졌다.

물질과 사회 구조에 커다란 변화를 야기한 것이 농업혁명이었다면 인간의 정신세계 즉, 사고방식에 커다란 변화를 몰고 온 것은 16세기 전후에 시작된 과학혁명이었다. 오랫동안 믿어 왔던 천동설이 부정되고 지구는 우주의 중심에서 밀려났다. 신의 섭리가 지배한다고 여겨졌던 천상계는 단순히 물리적인 법칙이 지배하는 지상계의 일부에 불과한 것으로 설명되었다. 종교, 신, 절대왕정의 권위가 흔들리기 시작했고 우주와 자연에 대한 믿음에도 균열이 생기기 시작했다.

인간이라는 존재도 과학 앞에서는 더 이상 예외가 아니었다. 1859년 다윈이 제창한 진화론에 따르면, 인간은 생명의 진화 과정에 우연히 등장한 생물종의 하나에 불과하다. 특별히 뛰어나서가 아니라 주어진 자연환경에 그때그때 적응하다 보니 운 좋게 최상위 포식자가 된 것이다. 더 이상 신의 피조물도 아닐뿐더러 자연의 지배자도 아니었다. 이후 생명공학이 발달하면서는 인간을 정의하는 방법 자체가 달라지기도 하였다. 인간은 그저 유전정보에 의해 구성된 단백질의 총합이며, DNA디자인을 통해 조작 또한 가능한 물질의 총합에 지나지 않는다. 인간의 특질은 조작될 수 있으며, 생명 또한 복제되거나 합성될 수 있는 것이다. 신의 고유 영역이라 여겨졌던 생명창조에 인간의 손이 뻗치자 신과 인간의 경계조차 모호해졌다는 이야기도 들려온다. 과학과 기술의 등장으로 인간에 초래된 변화가 얼마나 큰지 잘 보여 주는 부분이다.

이러한 지성사적 성과는 연구 과정에 대한 전문가의 철저한 검증을 토대로 이루어졌다. 과학기술 연구는 기본적으로 실험과 관찰, 논리적 추론을 통해 이루어지고 모든 과정이 공개되기 때문에 이러한 검증이 가능하다. 사실 과학 연구를 통한 직접적 성과 못지않게 중요한 것은, 증거에 근거하여 엄격한 논리적 추론을 전개하는 사고방식이 인간 사회 전반에 퍼져 나갔다는 점이다. 근거 없는 미신이나 편견, 불합리한 차별과 억압이 타파되기 시작한 시점이 과학기술의 발달과 상당 부분 일치하는 것은 우연이 아니다. 뉴턴의 역학 체계가 완성되며 절대왕정이 무너지기 시작하고 지동설과 진화론을 통해 민중 위에 군림하던 종교가 위기를 겪게 된 것도 이러한 맥락에서 이해될 수 있다.

농업혁명 시기 시작된 생산성 증대와 생활 양식의 변화는 17,8세기 산업혁명을 통해 더욱 가속화되었다. 가내수공업이나 농사에 종사하던 사람들이 기계를 돌리는 공장으로 일자리를 옮겼다. 자본가들은 일정한 출퇴근을 통해 노동시간을 통제하였으며 노동의 대가로 보수를 받는 임금 노동자가 처음으로 출현하였다. 이익을 극대화하려는 자본가들의 횡포에 혼란과 갈등이 유발되기도 하였으나, 제조업의 발달에 힘입어 생활 물자가 풍부해지고, 운송 수단의 발전으로 공간 이동이 자유로워지기 시작하였다.

20세기 정보통신기술을 통한 변화는 더욱 드라마틱하게 진행되었다. 전자(electron, 1897년 발견)의 존재가 밝혀진 지 백 년도 지나지 않아 관련 기술이 매우 빠르게 발전하였다. 전자 제품 덕분에 일상생활이 말할 수 없이 편리해졌는가 하면, 정보통신기술, 특히 컴퓨터와 인터넷의 등장으로 중요한 정보와 아이디어, 생산

품들을 전 세계 어디에서나 공유하고, 작은 컴퓨터와 다름없는 스마트폰을 손안에서 작동하며 시간이나 장소에 상관없이 사물을 통제하는 유비쿼터스 시대를 맞이하게 되었다. 과학기술로 인한 혜택이 날로 확대되는 모습을 잘 보여 준다.

기술이란 본디 인간이 자연 물질에 대해 특정한 목적을 수행하기 위해 인위적인 행위를 가하는 일을 의미한다. 과학이 실험과 사고를 토대로 논리적인 결과를 도출하는 데 목표를 두는데 반해, 기술은 일상생활의 직접적인 변화를 목표로 한다는 점에서 차이가 있다. 발전 경로도 서로 다르다. 하지만 20세기 들어 주요한 과학지식이 기술 개발에 응용되기 시작하며 둘 사이에 융합이 시작되었다. 전자기학이 정보통신기술에 응용되거나 화학이 나노기술 연구에 응용되는 것이 대표적인 경우이다. 최근 자주 언급되고 있는 나노로봇이나 인공지능도 과학과 기술의 융합으로 인해 가능한 것이다. 이러한 융합으로 인해 기술 혁신이 보다 빠르게 진행되고, 사회적 영향력 또한 폭발적으로 증가하는 추세를 보이고 있다. 기술이 급속도로 발전함에 따라 인간이 이를 제어하지 못하고 파국으로 치달을 것이라는 비관적 전망도 점차 확대되고 있다. 여기에는 생명공학을 이용해 인간 복제가 가능하게 되고 방사능 오염으로 인류가 멸망하며, 로봇이나 인공지능이 인류를 지배한다는 등의 내용이 주를 이룬다.

사실, 과학기술에 대한 부정적 태도와 관점은 꽤 오랜 역사를 가지고 있다. 특히 전쟁터에서 사용되는 살상 무기는 잘못된 기술 응용의 대표적인 사례로 꼽혀 오랫동안 비판의 대상이 되어 왔다. 정치, 사회, 환경과 관련하여 과학기술이 미친 영향과 윤리 문제에 초래한 혼란도 적지 않아 심각한 우려를 낳았다. 최근 인공지능, 지구 온난화, 기계 인간 등과 관련하여 인류의 미래에 대한 우려가 점차 고조되며 과거 어느 때 보다 과학기술의 사회적 영향에 대한 연구와 비판이 활발하게 이루어지고 있다. 주요 내용을 차례로 살펴보자.

대량 살상 무기

군사 기술의 역사는 오래전으로 거슬러 올라간다. 철기시대에 이미 칼, 화살촉 등 철로 가공한 무기가 등장하였으며 이후 전차, 화포, 철갑선 등을 제조하는 기술이 꾸준히 개발되었다. 하지만 실제 무기의 살상 범위와 강도가 급격히 증가한 것은 1,2차 세계 대전이 발발한 시점이다. 1차 세계대전 당시 탱크와 잠수함이 제조되었고 2차 대전에 이르러서는 로켓, 핵무기, 생화학 무기가 개발되었다. 이 시기에는 첨단 학문이라 할 수 있는 생명공학이나 입자물리가 기술에 응용되며 무기의 파괴력이 가파르게 증가하였다. 이를테면 탄저균 100kg만으로 3백만 명의 인명을 빼앗을 수 있었으며 나가사키에 투하된 핵폭탄 리틀보이와 팻맨은 4톤 내외에 불과했지만 이로 인해 목숨을 잃은 사람은 수십만 명에 달했다. 이후 우주 항공 기술, 사이버 테러 기술, 병원균 합성 기술이 연달아 등장하며 파괴력이 더해졌다. 최근에는 인공지능형 로봇이 목표 지점에 잠입해 병원균을 퍼트리거나 주요 인물에 테러를 가할 수도 있다는 주장도 나오고 있다. 자칫 영화나 소설에 등장하는 SF로 들릴 수 있겠지만 문제는 이러한 내용이 얼마든지 현실화될 수 있다는 점이다. 더군다나 평화와 안전에 대한 합의나 감시, 통제가 전제되지 않는다면 이러한 기술 개발은 치킨게임으로 치달을 수 있다는 점에서 더욱 치명적이다. 내가 첨단 무기를 만들면 상대방은 더 강한 무기를 개발하고, 나는 또 다시 이에 맞설 무기를 개발하는 데 몰두할 수밖에 없기 때문이다.

생태계 파괴와 대멸종

지구상에 서식하는 생물종은 현재까지 확인된 것만 약 2백만 종에 이르며, 확인되지 않은 것까지 포함하면 5백만~1억 종에 달하는 것으로 추측된다. 수많은 생물종이 살아가는 방식과 생김새는 서로 다르지만 이들은 상호 의존적으로 연결되어 있다. 동물이 호흡을 통해 에너지를 만들기 위해서는 식물이 광합성을 통해 배출하는 산소가 반드시 필요하다. 자칫 하찮게 여길 수 있는 미생물도 인간 생존에 필요한 물질 분해, 발효, 소화 과정에 중요한 역할을 하고 있다. 상호 의존적인 생태계에 예기치 못한 변화가 일어나 파괴가 시작되면 최고 포식자인 인간도 그 피해를 비켜 갈 수 없다. 극단적인 경우 인류가 절멸할 수도 있다. 과거에는 이러한 변화가 소행성 충돌, 빙하기, 산소와 이산화탄소 농도 변화 등 사람이 통제할 수 없는 요인들로 인해 발생했다. 하지만 최근에는 '사람'이 이러한 문제를 일으키는 주요한 원인으로 지목되고 있다. 18세기 이후 산업화에 속도가 붙으면서, 사람이 지속적으로 발달시킨 과학기술이 그 주요한 원인이었다. 산업화가 일찍 시작된 나라에서는 에너지원으로 사용된 석탄과 석유에서 배출된 가스로 인한 대기 오염이 심각한 사회 문제로 부상했다. 화학 물질로 인한 수질 오염 문제는 19세기 영국 사회의 골칫거리였다. 다양한 생물종이 오염과 멸종을 피하지 못했고 무엇보다 인간의 건강이 크게 위협받았다.

1962년 출간된 레이첼 카슨의 저서 『침묵의 봄』은 DDT와 같은 화학물질이 어떻게 생태계 전체를 오염시키는지에 대해 상세한 설명을 제공하여 환경 문제에 커다란 관심을 촉발시킨 바 있다. 1939년 스위스 화학자 뮐러에 의해 발명된 DDT는 방충 효과가 커서 작물에 피해를 입히는 곤충과 말라리아 전염 모기를 박멸하는 데 커다란 효과를 보였다. 이로 인해 구제된 인명이 5백만 명 이상에 달하는 것으로 알려져 있다. 이러한 성과 덕분에 뮐러는 노벨상을 수상하는 영광을 누리기도 하였다. 하지만 DDT안에 있던 중금속이 생물종과 토양, 물속으로 흘러 들어가 인간에게 이로운 생물종의 개체수를 감소시키고, 조류의 생식을 방해하는 것으로 드러났다. 또한 DDT로 인해 다수의 생물종에 독성이 축적되어 생태계를 교란시키고 최종적으로 최고 포식자인 인간의 몸속으로 들어와 중금속 중독, 심장병, 대사 방해, 암 유발 등 심각한 문제를 일으킨다는 사실이 밝혀졌으며 결국 미국정부는 1972년 사용 중단 조치를 취하였다. 레이첼 카슨의 저서는 인공물질이 생태계에 미치는 부작용을 깨닫고 이에 대해 보다 조심스런 태도를 취하도록 독려하는 경고의 목소리였다. 이후 화학물질이 생태계에 미치는 영향을 보다 비판적으로 바라보는 시각이 증가하였다. 하지만 이에 대한 개발과 사용을 완전히 중단하는 것은 쉽지 않다. 이것이 인류의 생활을 편리하게 하는 측면이 있기도 하지만 무엇보다 상업적 이득을 극대화하려는 기업들의 탐욕이 이를 부채질하고 있기 때문이다.

대량 생산되는 GMO 작물도 이러한 이해관계와 밀접히 관련되어 있다. GMO란 인간 생활에 이롭다고 판단된 유전자를 자연 상태의 동식물 유전체에 삽입하여 원하는 특성을 갖는 개체로 조작한 생명체를 의미한다. 예컨대 어떤 농작물에 추위 저항 유전자를 삽입하면, 혹한 추위에도 잘 견뎌 그 농작물의 수확량을 늘릴 수 있다. 병충에 잘 견디는 유전자, 암을 이겨 내는 유전자 등을 삽입해 우리 인간에게 매우 유용한 결과를 낼 수도 있다. 하지만, 자연에 존재하지 않는 유전자 조합을 새로 만들어 냄으로써 생태계에 예기치 않은 결과를 초래할 수 있다는 우려 또한 만만치 않다. 실제로 이로 인해 제초제 내성을 가진 슈퍼 잡초가 탄생했으며, 유전자 조작을 가한 몇몇 작물만을 재배하다 보니 생물종 다양성이 훼손되고 있다는 주장도 제기되고 있다. 지구상의 모든

© Ira Bostic / Shutterstock.com

생명체는 거대한 그물망처럼 촘촘히 연결되어 있다. 이 그물망은 종종 신의 작품으로 묘사될 만큼 매우 조화로운 상태로 유지되고 있다. 여기에 새로운 생명체가 갑자기 뛰어들면 그물망의 어느 한 부분에 틈새가 생기고 이내 걷잡을 수 없이 망가지게 된다.

최근 환경과 생태 문제는 어느 한 지역이나 집단에 국한되지 않고 인류 공통의 문제로 인식되고 있다. 온실가스로 인한 지구 온난화와 원자력 발전 사고로 인한 방사능 유출로 인해 전 지구적 차원에서 생태계가 파괴되고 있기 때문이다. 화학물질, GMO 개발, 벌목과 무차별적 개발로 인해 멸종하는 생물종도 빠르게 증가하고 있다.

인간에 의한 지나친 개발과 파괴로 인해 생물종의 70~95% 이상이 사라지는 대멸종이 이미 진행 중이라는 주장도 이러한 맥락에서 나온 것이다. 이 주장에 따르면 앞으로 500년에서 1만 년 사이에 양서류 30%, 포유류 23%, 조류 12% 이상이 사라질 가능성이 크다. 과거에 있었던 5차례의 대멸종은 온도와 대기 농도 변화 등 자연적인 원인에 의해 일어났다. 6번째 기록될 이번 대멸종은 이와 달리 무분별한 남획, 서식지 파괴, 지구 온난화 등 '인간의 활동'으로 인해 발생하고 있다는 점에서 이전의 대멸종과 차이를 보인다.

생태계 규모에서 인간은 단지 하나의 생물종일 뿐이다. 특유의 지적 능력을 통해 지난 몇 세기 고도의 문명을 발달시켰지만, 이것이 곧 인간의 전능함을 의미하는 것은 아니다. 지구 생태계는 수백만 종의 생물종이 매우 복잡한 방식으로 얽혀 있는 복잡계이다. 자연을 통제하기에 인간의 지식은 턱없이 부족하다. 생태계가 파괴된다면 인간도 절멸할 수밖에 없다. 인류에게 닥칠지도 모를 이러한 재앙을 외면한 채 계속해서 개발에만 집착한다면 이보다 더 어리석은 일은 없을 것이다.

이데올로기 생산과 사회 불평등 심화

오늘날 부의 불평등 분배가 심화되고 이에 대한 윤리적 관심이 고조되고 있다. 19세기에서 20세기 초 과학의 발달은 사회적 평등 장치로 작용하여 빈부 모두에게 혜택을 주는 경우가 많았다. 영국의 물리학자 프리먼 다이슨에게 '오토바이'는 인간을 평등하게 하는 과학기술자의 선물과도 같은 것이다. 이전에는 자동차를 소유한 부유층에게만 가능했던 장거리 여행을 일반인들도 할 수 있게 되었기 때문이다. 출생과 동시에 계급이 결정되고 평생을 가난과 질병에 시달려야만 하는 약자에게 과학기술은 때로 삶의 희망과도 같은 것이었다. 쉽게 전기를 사용할 수 있고, 장거리 이동이 자유로워지고, 중요한 정보에 접근이 수월해지는 등 여러 불평등이 완화될 수 있었기 때문이다.

하지만 지금도 힘 있는 개인과 집단, 국가는 자신들만의 이익을 위해 과학기술을 적극 활용하려는 시도를 여전히 멈추지 않고 있다. 이들은 더 좋은 교육과 정보를 통해 신기술과 이것의 파급

효과를 한 발 앞서 이해하고 이를 이용하기 위한 수단을 독점하기도 한다. 과학기술은 누구에게나 공평하고 전 세계 어디에서든지 보편적이라는 생각을 갖고 있는 사람에게는 이러한 주장이 의아하게 들릴지 모른다. 하지만 과학기술이 권력에 아부하고 힘없는 자를 괴롭힌 사례는 어렵지 않게 찾을 수 있다. 유색 인종과 소수자의 차별을 과학적으로 정당화하고자 했던 우생학을 떠올리면 보다 쉽게 이해되는 대목이다.

두개골의 크기와 뇌 용량을 측정하는 두계계측학을 연구했던 과학자들 또한 과학지식을 활용하여 인종차별과 성차별을 정당화하였다. 이들은 백인의 뇌 용량이 흑인보다 크기 때문에 이들의 지적 수준이 흑인보다 우월할 수밖에 없다는 주장을 반복했다. 반복발생설을 주장한 사람들도 마찬가지였다. 반복발생설에 따르면 각 개체는 수정란에서 성체에 이르는 발생 과정 동안 진화의 전체 역사를 되풀이한다. 인간도 수정 이후 하등 동물의 단계를 거치고 포유류, 영장류, 흑인, 백인으로 진화하는 과정을 되풀이한다. 결국 백인은 흑인보다 한 단계 더 진화하는 과정을 거치므로 보다 고등한 인종이며 성인 흑인은 백인 어린아이와 비슷한 지능 수준을 갖게 된다는 것이다. 흑인에 비해 백인의 두개골과 뇌 용량이 더 크다는 것은 이러한 반복발생설과도 논리적으로 상통한다. 과학이 부추긴 편견으로 인해 유대인, 흑인, 남동 유럽인들을 열등한 민족으로 간주하는 분위기도 고조되었다. 민족과 인종마다 제각기 타고난 지능이 있다는 과학자들의 주장은 결국 이들에게 직업, 교육, 지위가 태어나면서 이미 결정되어 있다는 결론으로 이어졌으며, 최종적으로 이는 인종, 민족, 계급에 따른 차별을 정당화하는 데 동원되었다.

이들은 또한 인종과 민족 간에 나타나는 차이가 선천적으로 타고난 것이어서 교육을 통해 개선되기 힘들다는 주장도 덧붙였다. 여기에는 교육과 취업의 불균등을 완화하기 위한 정부의 노력을 불필요한 것으로 만들고, 차별에 저항하려는 의지를 처음부터 차단하여 자신들의 위치를 지속시키려는 의도가 깔려 있었다. 실제 이러한 주장에 힘입어 미국에서는 유색인들의 이민을 제한하는 법안이 마련되고, 열등한 인자를 보유한 것으로 분류된 사람들에게 강제로 불임 시술을 행하기도 하였다. 또한 이러한 차별 논리는 단지 인종 간, 계급 간에만 그치지 않고 성차별을 정당화하는 데에도 이용되었다. 특히 여성의 뇌가 남성에 비해 작다는 사실이 여성이 열등한 증거로 자주 인용되었다.

하지만 두계계측학은 정확히 말해 '과학'이 아니다. 두계계측학 연구자들이 자신의 주장을 증명하기 위해 거짓 행위를 일삼았기 때문이다. 두개골의 크기를 측정하기 위해 표본을 수집할 때에는 유색인종 중 두개골이 큰 부족의 표본은 가능한 적게 포함시키고, 흑인 두개골을 측정 할 때에도 여자들의 두개골을 가능한 많이 포함시켰다(남자 뇌는 평균 1, 450그램이고 여자 뇌는 평균 1, 250그램 정도로 남자 뇌가 약간 더 크다), 측정을 위해 사용된 겨자씨는 실험자의 의도에 따라 용량을 조작하기에 수월했다. 때로는 눌러

담을 수도 있고, 때로는 성기게 담을 수도 있기 때문이다. 이후 두개골의 용량 자체가 지능을 결정짓는 요인이 될 수 없다는 사실이 드러났고, 반복발생설도 오류가 드러나 생물학 교재에서 사라지게 되었다.

이것은 과학이 아니고 과학을 위장한 거짓 주장이니 크게 걱정할 일이 아니라고 말할 수 있을 것이다. 비과학적 거짓 주장은 시간이 지나며 전문가들의 지속된 검증을 통해 결국 거짓으로 드러나니 크게 걱정할 일이 아니라는 것이다. 하지만 신기술이 등장할 때마다 지배 체제를 유지하거나 자신의 이익을 극대화하는 데 이를 사용하려는 시도가 끊이지 않았다는 역사적 사실을 고려할 때 쉽게 낙관할 수만은 없는 일이다. 20세기 유전공학이 등장했을 때 지배 계층이 유전자에 따라 생물학적 우열을 구분 짓고 유전자를 자신들이 원하는 대로 디자인해 알파계급을 재생산할 가능성이 제기된 바 있다. 자연 상태로 태어나는 하층민은 허드렛일을 담당하고 이들은 저항과 자유 의지를 상실할 것으로 보였다. 그야말로 올더스 헉슬리의 '멋진 신세계'가 실제 구현될 것이라는 비관적 전망이 표현된 것이다. 물론 이는 유전공학이 추구하는 바와 거리가 먼 이야기이지만 관리와 감시가 제대로 이루어지지 않으면 언제든지 현실 속에 모습을 드러낼 수 있다는 두려움과 경계심은 쉽게 가시지 않고 있다.

생명 윤리

생명공학과 의료 기술의 발달로 인해 촉발된 생명 윤리 또한 과학기술 관련 주요 논쟁 중 한 분야이다. 특히 줄기세포 연구나 인공수정 과정에서 파괴되는 배아는 오랫동안 논쟁의 대상이 되어 왔다. 체외수정에 사용되고 남은 수정란은 제대로 관리하지 못하고 함부로 폐기되거나 임신 성공률을 높이기 위해 여러 개의 수정란을 동시에 착상시킨 후 이중 일부가 제거되고 있기 때문이다. 인간 생명의 범위에 대해서는 매우 다양한 입장이 있으나 수정란과 배아도 하나의 생명으로 간주하는 보수적 입장에서는 배아를 파괴하는 것은 곧 생명을 해치는 일과 다를 바가 없는 것으로 간주되다 보니 생명 윤리 논란이 가중될 수밖에 없다.

인공수정 기술의 발달로 자궁을 제공하는 대리모가 상업적 수단으로 이용되는 문제 또한 윤리적 쟁점으로 거론되고 있다. 미국에서는 연간 수십만 명의 아이가 인공수정을 통해 태어나고 있으며 국내에서도 최소 2만 명의 아이가 이러한 기술에 의존해 세상으로 나오고 있다. 그런데 이 가운데 약 30%가 배우자가 아닌 사람의 정자와 난자를 사용해 만들어진 배아로 아이를 얻거나 아내가 아닌 다른 사람의 자궁을 빌려 임신을 하고 있다. 이러한 추세는 앞으로 더욱 확대될 것으로 보인다.

실제로 최근에 등장한 미토콘드리아 대체 기술은 한 아기가 태어나는 과정에 세 명의 유전자를 동시에 사용함으로써 윤리 문제를 더욱 복잡하게 만들었다. 일반적으로 유전자는 난자 핵, 미토콘드리아, 정자 핵 내부에 존재한다. 정자가 난자 속으로 들어가 핵끼리 융합이 이루어지며 수정이 완성되고 이로부터 세포 분열이 시작되어 발생이 진행된다. 이때 핵 속의 DNA 외에 미토콘드리아 내부의 DNA에 이상이 있으면 임신이 불가능하거나 출산이 이루어진다 하더라도 태어난 아이에 심각한 질병이 발생할 확률이 높다. 따라서 문제의 미토콘드리아 DNA는 출산을 위해 정상적인 것으로 대체되어야 하는데 이런 경우 어디까지 부모라 할 수 있는지 한마디로 정의하기가 어렵다. 또한 DNA를 조작하기 위해 부모로부터 물려받은 유전자에 외부 유전자를 삽입하여 다시 디자인하는 경우 이를 누구의 유전자로 봐야 하는지 분명하지 않은 것도 논란의 대상이다.

동물 실험을 둘러싼 논쟁도 가볍게 넘길 수 없는 주제이다. 동물 실험이란 학문 연구용 생체 해부와 행동 관찰, 그리고 새로운 치료법 개발을 위해 동물을 대상으로 행하는 각종 실험을 의미한다. 의약품의 효능과 안전성, 화장품과 새로운 식품의 독성이나 안전성을 예측하기 위해 인간이 직접 사용하기 이전 단계에서 동물에 주입되는 경우가 대부분이며 심한 경우 실험을 위해 독성물질이 주입되거나 인위적으로 암세포가 이식되기도 한다. 포유류 외에 다양한 동물이 이용되는데 전 세계적으로 약 5억 마리 이상의 동물이 이러한 실험으로 고통받고 있다. 동물들이 받는 이러한 고통을 어떻게 합리화할 수 있을까? 인간에게 과연 그러한 자격이 있는가? 자격이 있다면 어디에서 부여받은 것인가? 한쪽에서는 인간은 뛰어난 이성과 언어능력을 갖춘 고유한 존재이기 때문에 인간의 복지를 위해 동물을 실험에 사용하는 것이 문제되지 않는다는 주장을 펴고 있다. 다른 한편에서는 인간과 동물 간에 이러한 차이가 있다고 하더라고 동물들이 느끼는 고통은 인간의 고통과 다르지 않기 때문에 이러한 동물 실험을 행하는 것은 옳지 않다는 주장으로 이에 맞서고 있다. 최근에는 후자의 입장에 무게가 실리고 있는 분위기이다. 아무리 인간이라 하더라고 그러한 고통을 동물에게 줄 수 있는 권리는 정당화되기 어렵기 때문이다. 동물 실험을 최소화하고 불가피하게 실험에 동원되는 동물들의 경우 이들의 복지와 고통완화 방법을 적극 모색할 필요가 있을 것으로 보인다.

불확실성

지금까지 살펴본 과학기술의 부정적 측면은 사실 처음부터 의도되었다기보다는 긍정적 결과에만 집중하며 연구를 진행하다 예상치 못한 상태에서 맞닥뜨린 것들이 대부분이다. 생산량을 늘리기 위해 사용된 DDT는 예상과 달리 환경을 파괴하고 인간의 건강을 위협하였다. 저렴한 비용으로 에너지 공급을 극대화하여 빈곤층에 도움이 되고자했던 핵발전소는 유례없는 방사능 오염을 일으키고 있다. 불치병 환자를 치료하기 위해 새로 주입된 유전자는 오히려 환자를 죽음으로 몰아넣었고, 농작물의 생산 비용을 줄이기 위해 도입된 GMO 기술은 슈퍼 잡초를 탄생시켰다.

과거에 경험하지 못한 인공물이 새롭게 등장하며 나타나는 파급 효과를 정확히 예측한다는 것은 사실상 불가능에 가깝다. 인간의 유전 정보를 담고 있는 DNA가 작동하는 메커니즘을 잠시 살펴보면 예측 가능성이 얼마나 힘든 것인지 잘 알 수 있다. 세포 내 유전자를 구성하는 물질인 DNA는 30억 쌍에 이른다. 수십조 개의 세포에 각각 들어 있는 염기쌍은 매우 복잡한 방식으로 상호 작용하므로 특정 유전자가 몸 전체에 미치는 영향을 정확하게 예측한다는 것은 매우 어려운 일이다. 이러한 상황에서 유전자의 어느 한 부분만을 교체하여 질병을 치료하는 것이 가능할까? 오히려 병이 악화되거나 괴물이 탄생하는 것은 아닐까? 질문이 꼬리를 물게 되고 불안감은 더욱 커진다. 나노물질과 인공지능의 등장을 눈앞에 두고 있는 시점에서 이러한 불확실성은 더욱 커지고 있다. 신기술이 시시각각 등장하고 있지만 먼 미래에 인류가 어떤 상황에 처하게 될까 하는 생각에 이르면 왠지 마음이 무거워지는 이유도 여기에 있다.

무엇을 어떻게 해야 할까

인류는 오랜 시간 동안 자연 환경에 적응하고 선택되기 위해 부단히 노력하는 수동적인 삶을 살았다. 하지만 과학기술의 본격적인 등장으로 인해 자신의 생존에 유리한 방향으로 자연을 적극 개조해 나가는 능동적 주체로 거듭났으며 이에 따라 생태계 내 강력한 지위를 누릴 수 있었다.

지구상에 등장한 수백만 종의 생명체 중 이러한 주체성을 발휘한 생물종은 인간이 유일하다. 하지만 이를 근거로 인간을 전능한 존재로 간주해서는 안 된다. 제한된 지식으로 자신의 미래를 제대로 예측하지 못한 경우가 많았고, 결과적으로 환경이 오염되고 생태계가 파괴되었다. 기득권자의 탐욕으로 하층민과 소수자를 억압하기 위한 이데올로기가 생산되었고 이로 인해 불평등과 차별이 심화되기도 하였다. 국가 간 경쟁과 전쟁을 위해 생산되는 대량 살상 무기는 지금도 우리 모두를 공포에 떨게 한다.

이처럼 부작용이 증가하고 디스토피아적 측면이 강조되다 보니 과학기술로 인해 인류의 미래가 종말로 치닫는 다양한 시나리오가 제시되고 있다. 나노물질의 오염 가능성이 제기되고 로봇이 첩보 활동이나 테러에 이용될 것이라는 주장도 나오고 있다. 심지어 복제 기능을 갖춘 나노로봇이 자기복제가 제어되지 않아 전 지구가 회색 점액질로 뒤덮인다는 SF도 등장하였다. 인공지능은 과거 기술에 의존하는 산업들을 파괴하고, 노동자들의 일자리를 빼앗을 것이며, 최종적으로 의식을 갖게 된 인공지능이 인류를 파멸로 이끌 것이라는 두려움도 확산되고 있다.

과학기술의 부작용이 자주 거론되며, 어떤 이들은 이러한 기술 문명을 거부하고 원시적인 공산제 생활로 돌아갈 것을 주장하기도 한다. 하지만 이미 전 세계 인구가 90억 가까이 도달한 상황에서 과학기술의 도움 없이 의식주를 해결하기란 쉬운 일이 아니다. 과학기술자체를 부정하거나 제거하려는 노력은 과학기술을 무분별하게 개발하는 시도 못지않게 위험할 수 있다.

그렇다면, 인류는 과학기술을 피할 수 없고 이로 인해 종말을 맞이할 수밖에 없는 것인가? 재앙을 피해 가지 못할까? 인류사에 과학기술이 본격적으로 등장한 수백 년 사이 매우 심각한 위험이 초래된 사실은 부정할 수 없지만, 이러한 위기를 슬기롭게 극복할 수 있다는 기대를 완전히 거둘 필요는 없다. 과거의 경험을 살펴볼 때, 민주적이고 합리적인 의사소통을 통해 부작용을 최소화할 수 있는 방안을 모색하고 관리 감시 기능을 강화하여 심각한 상황을 사전에 예방한 사례도 적지 않기 때문이다.

1975년 미국에서 DNA재조합기술이 등장하며 프랑켄슈타인 증후군이 확산되었을 때 과학자들이 현명하게 대처한 것이 대표적인 사례이다. 이 기술과 관련하여 심각한 우려가 일자 폴버그를 중심으로 한 일군의 과학자들이 앞장서서 실험의 위험성과 기술의 영향이 충분히 평가되기 전까지 모든 연구를 중단하기로 합의하였다. 실제로 10개월간 실험은 중단되었고 위험성을 단계별로 정해 연구 가이드라인을 마련하였으며 덕분에 현재까지 심각한 위험은 나타나지 않고 있다.

미국, 영국, 소련을 중심으로 2차 세계대전 당시부터 진행된 생물 무기 연구에 대해 연구 전면 중단 협정이 맺어진 사례도 있다. 1972년에는 생물 무기 개발을 영구적으로 금지하는 국제 협약이 추진되었으며 현재 대부분의 국가가 이 협약에 조인한 상태이다. 화학제품에 대한 규제와 검사도 점차 강화되고 있으며, 이를 어겼을 경우 처벌을 엄격히 하여 책임을 묻는 제도도 보완되고 있다.

1940년대 이후 냉전으로 지속된 핵무기 개발 경쟁은 전 인류를 공포의 도가니로 몰아넣었지만 60년대 이후 미국을 중심으로 지속된 핵무기 철수와 폐기, 핵실험 중단, 핵관련 활동의 투명한 공개를 꾸준히 추진하여 핵전쟁의 위험을 대폭 줄이는 데 성공했다. 현재에도 전 세계의 과학기술자, 기업가, 정부 담당자들이 대량 파괴에 잠재적이거나 실질적인 영향을 미칠 수 있는 연구를 하지 않는 방향으로 의견을 모으고 있으며, 실제로 인간 배아 실험이나 복제, 유전자 관련 연구, 안락사, 핵무기 개발, 다양한 임상 실험 등에 이러한 규정을 엄격히 적용하는 제도를 마련하여 시행하고 있다. 최근 들어 지구 온난화를 해결하기 위해 약 200개국이 20차례 이상 모여 기후 변화 협약을 마련하고 이를 실천에 옮기고자 다양한 노력을 하고 있는 것도 긍정적인 흐름을 잘 보여 주는 사례라 할 수 있다.

과학기술로 인한 부작용을 최소화하고 이러한 노력을 확대하려면 과학자와 정책결정자가 책임감을 가지고 행동을 유도하고 관련 제도를 지속적으로 보완하는 것이 중요하다. 이를 위해 먼저 신기술이 소개되기 전에 그 기술이 사회에 미칠 영향과 부작용에 대해 충분히 고려하고 문제가 심각한 경우 이의 연구를 중단시키며, 위험한 지식과 기술을 추구하는 행위에 대해서는 강력한 제재를 가하는 원칙을 마련해야 한다. 특히 과학기술자에게는 대량 파괴와 인명 살상에 영향을 미칠 수 있는 연구를 수행하거나 지원하지 않겠다는 서약을 하도록 해야 한다. 이밖에 기술을 상업화하는 기업들이 기술의 결과에 대한 책임을 지는 방안을 마련해야 할 필요성도 제기되고 있다. 나아가 지구 온난화, 핵 발전 사고, 군사 무기와 같이 광범위한 영향을 미치는 기술에 대해서는 전 세계가 협력하여 제재를 가할 수 있는 방법을 모색하고 이를 위해 신기술의 위험성과 윤리 문제를 공개적으로 검증하는 국제 기구를 설립해야 한다.

과학기술자들에는 별도의 윤리 교육을 제공하여 기술 위험 예방과 관리 방안을 숙지하도록 해야 한다. 또한 전문가들조차 제대로 인식하기 어려운 기술 위험문이 적지 않으니 전문가 외 일반 대중들의 소통과 관리 감시 기능을 유도하여 대중들도 함께 토론하고 실천하도록 해야 한다. 대기와 수질오염, 생물종 다양성 문제 등 다수의 사례에서 지역 곳곳의 일반 시민이 문제 해결과정에 전문가 못지않은 중요한 역할을 수행한 사례를 벤치마킹하는 것도 좋을 것이다.

이상에서 설명한 바와 같이 과학기술을 둘러싼 정치·사회·윤리 문제에 관한 토론과 해결책 모색이 꾸준히 이루어진다면 인간 스스로 대멸종과 인류 절멸을 자초할 가능성은 크지 않을 것이다. 과장된 공포에 지나치게 위축되어 과학기술에 반감을 가질 필요도 없다. 다만 과학기술에 대한 비판적 분석, 연구자와 정책 결정자의 책임 있는 행동, 합리적인 제도 마련과 실천, 대중의 지속적인 관심과 감시가 전제되어야만 과학기술의 위험이 최소화될 수 있다는 사실을 반드시 기억해야 한다. 이는 과학기술을 개발하는 데 들이는 노력 못지않게 이것이 인간 사회와 생태계에 미칠 영향을 끊임없이 의심하고, 토론하고, 관리·감시하는 노력을 더욱 확대해야 한다는 주장으로 자연스럽게 연결된다. 여러 차례 강조했듯이 과학기술 위험은 일부 집단에 피해를 주는 데서 그치지 않고 인류 전체를 절멸로 몰아갈 수 있는 중대한 문제이다. 비판을 넘어 합리적인 대안을 마련하는 과정에 모두가 동참해야 할 때이다. 21세기 시민에게 이는 선택의 문제가 아니라 그 누구도 피해 갈 수 없는 생존의 문제이기 때문이다.

이용훈

도서관문화비평가, 메타사서. 연세대학교에서 도서관학을 공부하고, 서강대학교 로욜라도서관에서 사서 일을 시작했다. 이후 민간단체와 경제연구소 등에서 사서로 일하는 한편으로, 도서관과 사서의 자기 개혁 노력이 필요하다는 생각에 1990년대부터 전국사서협회를 만들어 활동했다. 1997년에 (사)한국도서관협회로 옮겨 15년 동안 각종 사업을 기획하고 실행하면서 도서관 발전과 사서들의 권익 향상에 노력했다. 2012년에는 서울특별시의 서울시대표도서관건립추진반 반장으로 자리를 옮겨 현재의 서울도서관 개관 준비를 총괄했다. 개관 이후에는 다시 공모로 서울도서관 관장이 되어 4년 동안 도서관 기초를 다지는 데 역할을 감당했다. 지금은 프리랜서로 활동하다가 최근 (사)한국도서관협회 차기 사무총장을 맡았다. 『사서가 말하는 사서』, 『모든 도서관은 특별하다』 등의 책에 공저자로 참여했다. 시인을 꿈꾸며 『꿩은 엉덩이가 예쁘다』라는 시집을 내기도 했다.

07

거인의 어깨에 올라 세상을 보라; 도서관에서 인문학 공부하기

청소년 때 가장 필요한 것은 호기심이다. 주변에 있는 것들에 대해 좀 더 알아보려고 하는 것에서부터 공부가 시작되고 앞날의 삶이 시작된다. 새싹이 쑥쑥 자라나서 높은 하늘에 닿을 때까지 버틸 의지와 힘, 용기를 갖추는 중요한 때가 청소년기다. 청소년 시기를 어떻게 보내느냐는 중요하다. 누구나 다 아는 이야기다. 그렇다고 실제 그렇게 하기도 쉽지 않고 그렇게 되지도 않는다. 현실에서 대부분 시간을 학교에서 시험공부를 하면서 보내야 하는 청소년들은 자기 자신의 삶에 대해서 뭔가를 생각할 여유가 없다. 어른들은 늘 지금 공부해야 한다, 너의 앞날을 위해 지금 더 희생하고 고생해야 한다고 말한다. 그러나 그렇게 한다고 해서 과연 지금보다 더 나은 앞날은 확실한가 할 때, 현실은 그런 보장이 없다. 그러다 보니 이미 그런 사정을 아는 청소년 입장에서는 그것이 딱히 중요하게 생각되지 않는다. 그러니까 늘 듣는 이야기들이 뭐 그렇고 그런 이야기일 뿐이다. 억지로 공부를 하더라도 재미도 의미도 없다.

그렇지만 공부를 제대로 한다는 것은 청소년 때 꼭 해야 할 일이다. 공부를 제대로 한다는 것은 교과서를 외우고 시험을 잘 보는 것이 아니다. 진짜 공부는 나는 누구인지, 내 주변 사람들은 누구인지, 나와 우리가 살고 있는 이 사회는 어떤 사회인지 등등을 제대로 알고, 나아가 사람들과 세상이 만들어 놓은 여러 가지 장벽들을 넘어 진짜 세상이 어떠한지, 과연 어떤 사람들이 살고 있는지, 그들과는 어떻게 어울려 이 지구에서 함께 살아가야 하는 것인지 등등에 대해서 배우는 일이고, 필요한 것들을 준비하고 혼자 또는 친구나 이웃들과 함께 실천하는 일이다. 그런 공부를 '인문학'이라고 말한다. 나를 포함해서 사람과 사회에 대해서 꼼꼼하게 기본부터 시작해서 차근차근 배워 가는 것이다. 지구를 떠나 달을 거쳐 점차 먼 우주를 향해 항해를 하는, 미지를 향한 우주여행과 같다고 할 수 있다. 그런 여행을 할 수 있다면 참 설레지 않을까? 100세 시대를 맞아 어른들 세대는 요즘 은퇴 이후에도 계속해서 삶을 오래 살아야 하면서 뒤늦게 인문학 공부를 열심히 하고 있다. 어쩌면 그저 시간이 남으니까 뭔가를 해야 하겠다는 것이 아니다. 그동안 별 생각 없이 살아도 될 것 같았는데, 사람답게 산다는 것이 결코 그렇게 간단하지도 않고, 또 지금까지 우리가 살아온 것이 바람직한 것 같지도 않았다는 자각과 반성이 깔려 있는 것일지도 모르겠다. 어른 세대들은 또 더 어른 세대로부터 무조건 열심히 학교 공부를 해서 청년이 되었을 때 나름 괜찮은 직장이나 직업을 얻고 경제적인 부를 축적해서 집을 사고, 좋은 가정을 꾸리고, 나중에 정년이 되면 이후 편안한 노후를 보낼 수 있다고 들었고, 정말 그렇게 될 것이라 생각하고 열심히 살았다. 어느 정도 성공한 듯 보였다. 힘들었지만 그런대로 살아올 수가 있었다. 그런데 세상이 우리 뜻대로 그렇게 흘러가지는 않았다. 어른들도 변한 세상에 놀라고 있다. 생각했던 대로 세상을 사는 것이 결코 만만하지 않다는 것을 알게 되었다. 그래서 당황하면서 또다시 다음 세대에 자신의 낡은 방식을 요구하고 있다. 그렇지만 이미 세상은 빠르게 변하고, 또 그 변화의 폭과 깊이가 이전 어른들이 열심히 살던 시대와는 또 다른, 짐작하기도 어려운 미지의 시대라는 것은 현실이다. 그런 시대를 청소년들이 살아가야 한다는 것을 어른들도 잘 알지 못하고 실감하기도 어렵다. 새로운 삶의 방식이 필요한데 누구도, 특히 어른들은 현재나 미래의 변화보다는 과거 자신들이 살아온 시대의 방식에 익숙하다. 그런 방식이 지금에도 유효하게 작동하기를 바라면서 지금 청소년들에게 가르치고 요구하고 있는 것이다. 정작 자신들은 다시 인문학을 배우면서 제2의 인생을 준비하고 살아가면서 말이다.

다시 말하지만 시대는 변했다. 계속 빠르게, 그리고 이전과는 전혀 다른 내용으로 변하고 있다. 예전 사람과 사회가 작동하던 방식은 새로운 시대에 적합하지 않다. 2016년 초 알파고 이후 사람들이 우리, 특히 청소년들이 살아가야 할 앞으로의 세상은 지금과는 분명하고도 많이 다르다는 것을 비로소 어느 정도 인식하기 시작했다. 그러나 그런 세상이 현재이기도 하다는 사실, 또 그런 세상 작동 원리를 잘 알지 못하면서도 살고 있다는 사실을 여전히 실감하지 못하고 있다. 어쩌면 청소년들은 이미 잘 알고 있는지도 모르는데 말이다. 특히 앞으로의 시대엔 지금 우리가 알고 있는 직업 대부분이 사라지고 새로운 직업이 필요할 것이라는 것, 그것이 수십 년 후가 아니라 바로 멀지 않은 때에 일어날 일이라는 이야기를 들으니 당황스럽기까지 하다. 어떻게 새로운 시대, 새로운 삶의 방식을 배우고 잘 준비할 수 있을까? 이런 문제에 있어 사실 어른 세대도 자신 있게 말하기 어렵다. 이제 시대는 청소년들은 첫 번째 인생을, 어른들은 두 번째 인생을 각자, 그러면서도 함께 준비하면서 살아가야 한다. 어쩌면 이전 세대들은 살아 보지 못한 시대를 살아야 한다는, 미지를 함께 탐험하는 자세가 필요하다. 알지 못하는 시대, 세상을 준비하면서 가장 먼저 해야 할 일은 지금까지 알고 있던 것 모두가 앞으로 전혀 필요 없을 수도 있다는 것을 인정하는 것이다. 그러기 위해서는 지금까지 우리가 배우고 경험한 것들 가운데서 어떤 핵심을 찾아내고 그 핵심을 바탕에 두고 새로운 지식과 경험을 계속해서 쌓아 가면서 새로운 삶의 방식을 창조해 가야 할 것이다. 청소년일수록 충분히 더 잘할 수 있을 것이다.

그렇게 생각하고 자기 자신에 대해서, 세상에 대해서 넓고 깊게 하는 공부가 인문학이다. 인문학을 한다는 것은 결론적으로 말해서 높은 곳에서 세상을 제대로 잘 보기 위해 거인의 어깨에 오르는 일이다. 인류 역사에 있어 세상을 제대로 보고 살아온 사람들, 즉 거인들이 있다. 그들이 내어놓은 어깨에 올라 그들이 앞서 발견하고 알게 된 지식과 생각을 통해 세상을 보면서, 새로운 지식을 발견하고 새로운 세상을 만들며 살아가는 것이 우리 각자가 살아가야 할 삶의 방식이 되어야 한다. 물론 그런 거인들이 찾아 낸 지식과 세상 이야기가 요약된 것이 교과서일지도 모른다. 그러나 그러기에는 세상은 너무 크고 늘 변하는 날씨와 같이 고정되어 있지 않으니, 어쩌겠는가 수시로 거인들의 어깨를 빌리는 것이 필요하다. 그런데 과연 그런 거인들은 지금 어디에 있는 것일까? 그들이 보여 주고자 한 세상을 보려면 어떻게 해야 할까? 사실 그리 어렵지 않다. 거인들은 자신들이 쓴 책 안에 있다. 책은 이미 쓰여져 있기도 하지만 매일같이 새로운 책들을 통해 거인들은 누군가 자신의 어깨 위에 올라 자신을 넘어 또 다른 세상으로 나아가는 새로운 거인을 기다리고 있다. 그러니 책들을 통해 내가 오를 그 어떤 거인을 찾아나서는 것은 어떠할까? 이제 그에 대해 이야기를 해 보려고 한다.

인류는 늘 새롭게 알게 된 것을 누군가에게 알려 주기 위해 그림이나 기호로 기록을 했다. 문자를 만든 이후에는 자신이 알고 있는 것, 더 많은 사람들이 알아야 할 것들을 더 길고 정확하게 기록했다. 처음 책에 기록된 것은 사람들을 지배를 하는 데 꼭 필요한 중요한 지식이나 정보였기 때문에 왕이나 귀족들만이 보는 것이었다. 그러다가 중세에 이르러 대량으로 책을 찍을 수 있는 인쇄술이 발달하면서 소수 사람들만이 보던 책을 누구나 볼 수 있게 되었다. 비로소 지식은 많은 사람들의 삶을 변화시키면서 숱한 사람들에 의해 폭발적으로 늘어났고, 그럼으로써 세상은 빠르게 발전하고 있다. 그래서 세계 여러 유수 언론들은 금속활자를 이용한 인쇄술 발달을 인간 역사에서 가장 위대하고 혁신적인 발명이라고 말한다. 사람들이 책을 통해서 다양한 지식과 새로운 생각을 알게 되고, 그것들에 또 새로운 지식과 생각을 더할 수 있게 되었다. 그렇게 혁신적으로 변해 온 세상이 결국 지금에 와서는 어쩌면 인간보다 더 똑똑한 기계, 초인공지능까지 만들어 낼 것이라는 기대와 우려를 하는 시대까지 발전할 수 있게 된 것이다. 이전 아니 어쩌면 우리가 새로 살아가야 할 세상에 대한 지식과 이야기들이 이미 누군가의 책에 담겨 우리 곁에 와 있는 것일지도 모르겠다.

책을 읽는다는 것은 분명 지금까지 우리가 알게 된 숱한 지식은 물론 새로운 상상과 아이디어들을 알게 된다는 것이다. 스스로 찾아내거나 생각해야 할 것들이다. 책을 통하면 더 빠르고 정확하게 알고 배울 수 있다. 거기에 자신이 알고 있는 것이나 생각, 상상을 더하면 된다. 어찌 다행한 일이지 않겠는가. 문제는 세상에 책은 많고 그 책들 가운데 읽어야 할 책을 잘 찾기 어렵다는 것이다. 그러나 해결책이 없는 일은 없다. 지레 포기할 필요는 없다.

이미 인류는 이 문제에 대해 합리적인 해결책을 발명하고 유지해 왔다. 그것이 바로 도서관이다. 도서관을 잘 활용한다면 누구라도 공부를 제대로 할 수 있다.

도서관은 책의 집이다. 지금까지 만들어진 책들을 모아 두고 사람들이 읽고 활용하도록 돕는 곳이다. 도서관 역사는 인류의 역사만큼이나 길다. 인류가 무엇인가를 돌이나 점토판 등에 적어 두기 시작하면서부터 도서관이 있었다. 정확하게 언제부터인지는 말하기 쉽지 않지만 대략 바빌로니아 시대에 있었던 니폴(Nippur)도서관이라고 한다. 가장 유명한 도서관은 기원전 3세기에 만들어졌다는 이집트 알렉산드리아도서관이다. 사라진 도서관을 기려 현대 시대에 그 자리에 다시 도서관을 세웠다. 동양의 경우에는 진나라 때 분서갱유가 있었다는 것에서 이미 그 당시에도 책을 모아 둔 곳이 있었음을 알 수 있다. 비석을 모아 둔 비림이라는 곳도 일종의 도서관이라고 할 수 있다. 우리나라에서도 책을 모아 둔 4대 서고라든가 규장각과 같은 기관들을 두고 책을 모아 보존하고 이용해 왔다. 어떤 행태로든 책이 만들어지면 그것은 사람들, 특히 사회 지배층에게는 중요한 정보나 지식, 지혜를 담고 있는 것이어서 수집하고 활용하는 데 도서관이라는 장치를 이용했다. 다만 예전에는 책이 많지 않고 문자를 읽고 쓸 수 있는 소수의 사람만이 활용할 수 있었다. 그러던 것이 인쇄술혁명 이후 서구에서 책이 대량 생산, 유통되고 또 대중 교육 등을 통해 문자를 읽고 쓸 수 있는 사람들이 많아지면서, 누구나 책을 읽고 활용할 수 있게 되었다. 그러나 여전히 문자를 읽을 수 있는 능력을 제대로 갖추지 못했고, 비싼 가격, 노동자들은 책을 읽을 필요를 느끼지 않은 사회적 분위기 등으로 보통 사람들이 책을 자유롭게 읽는 것은 쉽지 않았다. 그러나 지식은 곧 권력이라는 생각이 확대되고, 일반 사람들도 점차 지식을 얻고 활용하는 것이 가능한 사회 환경이 마련되면서 소수가 지배하는 사회에서 점차 대중, 즉 시민 스스로 주인이 되는 사회로 바뀌었다. 이런 시대의 획기적인 전환은 바로 책을 통한 지식의 대중화가 있었기에 가능했다고 할 수 있다. 이렇게 18세기 들어 서구에서 비로소 사회 전반으로 지식에 대한 욕구가 확산되면서 회원제로 이용하는 도서관이 생겨나는 등 다양한 형태의 도서관이 등장했고, 19세기에 들어와서 드디어 공교육과 비슷한 의미에서 누구나 이용할 수 있는, 지금과 같은 의미의 공공도서관이라는 사회적 제도가 나타났다. 물론 '공공'(public)이라는 말이 붙은 도서관이 고대 로마 시대에도 있었다. 그러나 그때의 '공공'은 지금과는 다른 의미로서, 당시 도서관은 주로 신전에 딸려 있으면서 일부 시민에게만 개방되었던, 오롯이 혼자가 아니라 일부 계층 사람들이 함께 이용한다는 의미로 쓰인 말이다. 그때와 달리 지금 우리가 쓰는 '공공'은 명실상부 모든 사람이 동등한 권리와 책임으로 이용할 수 있다는 의미로 사용하는 것이다. 새로운 근대적 의미의 공공도서관이 등장한 이후 많은 나라와 사회에서 공공도서관은 시민사회 성숙과 민주주의 발전에 함께 했다. 물론 우리나라에도 근대적 의미의 도서관 역사가 있다. 과거에는 대부분 왕실이나 서원에 속해 있으면서 특수한 계층 사람들만 이용하는 곳이었다. 그런 중에 금속활자가 발명되고 책들을 인쇄하기도 했으나 여전히 대부분의 책 출판이 국가 관리체계 안에 있었고, 문자를 읽을 수 있는 사람들도 적어 대중적인 도서관은 출현하지 않았다. 그러다가 조선 후반기에 들어와서 예전에 비하면 값싸게 살 수 있는 책도 발행되고, 책을 빌려주거나 파는 곳도 생겨났다. 근대에 들어와서 일부 선각자에 의해 독서 운동이 전개되면서 도서관에 대한 관심과 구체적인 실천 노력이 있었다. 유길준이 쓴 서양 문물 계몽서인 『서유견문록』 제17편 '서적고(書籍庫)'는 도서관 이야기다. 서구에는 큰 도시마다 다 도서관이 있고, 누구든지 이용하면서 책을 읽을 수 있다. 여러 도시를 언급하면서 그 가운데 프랑스 파리에 있는 국립도서관은 소장한 책이 200만 권에 달해서 프랑스 사람들은 이 도서관을 두고 항상 긍지를 가지고 있다고 소개하고 우리에게도 이런 도서관이 필요하다고 말하고 있다. 이후 대한제국 시대와 일제 강점기 때 서구의 공공도서관 개념이 들어오고 몇몇 도서관들이 건립되어 운영되었다. 해방 이후 본격적으로 우리 스스로 노력으로 공공도서관들을 확충하여 지금에 이르렀다. 그리고 우리나라에서도 도서관을 활용해서 책을 읽고 공부를 한 시민들이 개인은 물론 사회와 국가 발전에 큰 힘이 되었다. 오늘날 공공도서관은 물론 우리가 이용할 수 있는 학교에 있는 도서관까지, 누구나에게 자신의 어깨를 내어 주는 거인들이 있는 곳이다.

그러니 거인의 어깨 위에 올라 더 넓고 무한한 세상을 바라보려 한다면 도서관을 잘 이용하면 된다.

인문학을 하는 데 있어 도서관은 잡은 물고기를 주는 것이 아니라 물고기를 잡는 방법을 알려 주는, 물고기를 잡는 도구다. 과연 각자 인문학 공부를 제대로 하는 데 좋은 방법이나 도구를 가지고 있는가? 물론 어릴 때부터 도서관을 참 많이 이용했을 수도 있다. 현재 우리나라에는 누구나 이용할 수 있는 크고 작은 공공도서관이 많다. 학교마다에도 거의 도서관이 설치되어 있으니, 예전 어른 세대들에 비하면 도서관 환경은 많이 나아졌다. 그러니 도서관을 많이들 이용했을 것이다. 하지만 독서 실태 조사 등을 보면 초등학생 시절 가장 많이 책도 읽고 도서관을 이용하다가 중학생 때 책을 안 읽다가 고등학생 때가 되면 다시 입시 등의 이유로 조금은 책을 읽고, 도서관도 이용한다고 한다. 우리나라에서 도서관을 이용한다는 것은 물론 책을 읽기 위해 찾아가는 것이 가장 주된 행태이지만, 그것 못지않게 시험공부를 하러 가는 곳 생각이 강하다. 시험 때에 도서관은 줄을 서서 대기할 정도로 인기다. 그렇지만 그 외 시간에는 굳이 가지 않아도 될 곳이라고 생각한다. 과연 그래도 좋은 곳일까? 만일 지금 당장은 물론 자신의 앞날, 우리 사회의 미래를 잘 준비해 보자 생각한다면 도서관은 전혀 다르게 다가올 수도 있다. 앞에서도 말한 것처럼 인류 역사 동안 알아 온 그 많은 지식과 정보, 새로운 생각과 상상, 아이디어, 심지어 말도 안 되는 것 같은 공상까지도 다 책에 담겨 있고 그것들 가운데 괜찮은 것들이 골라져 도서관 책장에 꽂혀 있는 것이다. 그러니 책 한 권 한 권은 다 거인이라고 할 수 있을 것이다. 누구나 언제든지 원한다면 도서관에서 그 많은 책을 다 자기 책처럼 이용할 수 있다. 사실 이렇게 자유롭게 누구나 이용할 수 있는 도서관은 최근에서야 생겼다. 오래 전에는 책을 쇠사슬로 묶어 두고, 이용할 때마다 비용을 내야 하기도 했다. 책에 직접 접근하지 못하고 직원에게 어떤 책을 찾아 달라고 한 후에 한참을 기다려야 원하는 책을 볼 수 있었던 적도 있다. 물론 도서관 안에서만 봐야 하기도 했다. 그러나 이제 도서관은 원하는 사람에게는 늘 열려 있는 자유로운 공간이다. 그래서 공공도서관은 '시민의 서재'라고도 한다. 그러니 시민 누구라도 자기의 서재처럼 이용할 수 있는 것이다. 물론 여러 사람이 이용하기 때문에 이런저런 규칙도 있고 불편함도 있다. 그러나 생각해 보라 수천수만 권의 책을 당당하게 이용할 수 있다는 것이 얼마나 좋은 일인가! 각자가 뭘 원하든 책으로 그것을 상상하고 구상하고 심지어 요즘은 그것을 만들어 볼 수도 있는 곳이 공공도서관이다.

그런 말이 있다. 한 사회의 과거를 보려면 박물관을 가 보고, 현재를 보려면 시장에 가 보고, 미래를 보려면 도서관이 가 보라. 도서관은 미래를 보여 주는 거울이다. 도서관은 새로운 지식과 지혜를 탐구하는 호기심 많은 사람들이 찾는 곳이고, 그곳에서는 늘 새로운 상상과 도전이 있고, 그것으로 진짜 새로운 물건이나 제도, 사회를 만드는 힘을 얻는 곳이기 때문이다. 문제는 도서관 그 자체는 스스로 그런 일을 할 수 없다. 누가 할 수 있느냐 하면, 바로 도서관을 찾고 그 안에 있는 숱한 책들과 씨름하면서 자신의 생각과 실천 능력을 키워 가는 사람들이 할 수 있는 일이다. 그런 점에서 도서관도 스스로 새로운 시도를 통해 사람들이 도서관을 찾고 잘 활용하도록 노력하고 있다. 인터넷으로 전 세계 지식과 정보가 연결되어 있고, 그 안에서 새롭게 인공지능이 만들어지고 있는 놀라운 세상에서 도서관은 새롭게 주목받고 있다. 이미 오래전부터 도서관은 숱한 책을 수집하고 체계적으로 정리해서 누구나 쉽고 편리하게 이용하도록 도와 왔던, 이전 시대 월드와이드 웹이고 인공지능이다. 도서관은 책과 잡지, 신문 등 전통적으로 이용해 온 종이 기반 물리적 자료들뿐만 아니라 전자 형태로 만들어진 다양한 자원들을 활용한다. 전자책은 물론이고 각종 학술 논문이나 데이터베이스도 보편적으로 도서관을 통해 이용할 수 있다. 사람들끼리 모여 각종 토론회나 모임들을 할 수도 있고, 인문학 강좌 등 독서나 문화 관련 프로그램들도 많이 제공된다. 그래서 요즘 도서관들은 기존 평생학습을 위한 공간을 넘어 개인과 개인을 연결하는 네트워크 중심이자 커뮤니티 공간이 되고 있다. 박물관이나 미술관, 공연장과 같은 역할을 하기도 하고, 나아가 놀이 공간으로 변모하기도 한다. 궁극적으로는 도서관을 활용하는 개인이나 지역사회의 경제적 자원이자 자산이 되고, 더 넓은 세상으로 열린 문이기도 하다. 그러니 미지의 세상을 향해 도서관 문을 열어 보면 어떻겠는가.

요즘같이 모든 것이 다 인터넷이나 모바일 안에 있는 시대에 굳이 꼭 도서관을 찾아가고 책을 읽어야 할까? 그렇기도 하다. 정말 앞으로의 시대는 책이나 도서관이 필요하지 않게 될까? 그렇지 않다. 검색은 폭이 넓고 빠르기는 하지만, 짧고 단편적이다. 어쩌면 100미터 달리기라고 할 수 있다. 그러나 사람이 산다는 것은 좀 더 긴, 중장거리 달리기다. 그러니 늘 빠르고 짧고 단편적인 정보나 지식에만 만족할 수는 없다. 또한 검색은 무수히 많은 결과를 내놓는다. 점점 더 그 수가 많아지고 있다. 검색 기법이 발달하면서 이제는 내가 무엇을 원하는지 다 입력하지 않아도 척척 질문까지도 예측하고 그에 대한 답을 바로바로 내어놓는 시대다. 그러니 점점 더 그 매력에 빠진다. 하지만 그 많은 결과물이 과연 모두 정확하고 믿을 수 있는 것일까? 그런 관점에서 보면 이야기가 달라진다. 결과물을 일일이 모두 확인할 수도 없고, 그래서 오류의 가능성도 크다. 그러니 검색기가 앞에 내놓은, 물론 적합 가능성이 가장 높은 것부터 앞에 내놓기는 하겠지만, 앞에 제시된 몇 개만 살펴보고 그만두게 된다. 그러나 우리가 살아가면서 직면하는 어떤 문제나 궁금증, 호기심은 그렇게 해결할 수는 없다. 또한 디지털 시대에 더욱 더 그 중요성이 커지고 있는 생각하는 힘을 기르기 위해서는 좀 더 긴 호흡의 글과 이야기를 읽어야 한다. 그러기 위해서는 긴 호흡을 가지고 있으면서도 신뢰할 만한 어떤 자료가 필요하다. 거기에 읽을 만하다는 신뢰를 담은 책이 있어야 한다. 책은 저자가 쓴 글을 담아내는 과정에서 편집자 등이 참여해서 더 정확한 의미를 담아 만든다. 그렇게 만들어진 책은 다시 서평 등에 의해서도 검증받고, 서점에 의해 선별되어 판매되면서 또 검증을 받는다. 그런 과정을 통해서 보다 강한 신뢰를 받는 책들이 도서관에 모인다. 그렇기에 보다 깊이 있는 조사나 연구, 생각 등을 위한 자원으로써의 책을 필요로 한다면 검색 결과보다는 신뢰의 과정을 쌓아 온 책을 이용하는 것이 더 바람직하다고 할 것이다. 그런 신뢰가 오랜 시간 축적된 책을 보통 고전이라고 할 수 있다. 물론 고전이라고 해서 다 좋은 것만은 아니라는 비판에도 마음을 열어 두어야 한다. 그럼에도 불구하고 여전히 검색 결과와 함께 책을 이용하는 것, 그것도 더욱 더 선별하고 신뢰를 바탕으로 골라 모아 둔 도서관 책들 가운데서 필요한 것을 이용하는 것은 합리적인 행동이다. 물론 책 말고도 요즘 인기를 얻고 있는 영상이나 웹툰과 같은 것들도 이용할 수 있을 것이다. 그런 자료들은 책보다는 여전히 그 수나 내용이 제한적이다. 또한 텍스트 기반이 가지는 상상과 자극에 비하면 여러 가지로 제한적이다. 아직은 오랜 인류 역사를 담고 있고, 또 지금도 정제된, 그래서 사회적 신뢰를 더해 출판되고 있는 책이 가장 중요한 지적 자산이다. 그것을 잘 활용할 수 있다면 공부를 하고, 스스로 자기 삶을 생각하고 만들어 가는 데 있어서는 참으로 중요한 도구를 확보했다고 할 수 있다.

도서관 안에서도 인문학적 상상이 가능하다. 그건 바로 분류와 관련된 것이다. 세상을 살아가는 데 분류는 꼭 필요한 기술이다.

예를 들어 어떤 것이 먹을 수 있는 것인지 어떤 것이 먹어서는 안 되는 것인지를 구분하지 못한다면 제대로 살 수가 없다. 옷장에 넣어 둔 옷이나 심지어 양말이나 속옷 같은 것도 잘 구분해서 넣어 두어야 번잡하지 않게 일상을 살 수 있다. 학교에서도 학년과 반을 나누고, 배우는 과목을 나누는 것, 동아리 활동을 하는 것 등등 모두가 분류하는 것이다. 따라서 분류를 제대로 하는 방법을 알지 못한다면 하루하루를 제대로 잘 살기 어렵다. 도서관은 가장 폭넓게 분류를 활용하고 있다. 어떤 책은 어떤 주제에 속하는지를 구분해서 분류 번호를 부여한다. 그렇게 되면 같은 내용을 가진 책들은 한 곳에 모이게 된다. 도서관에 가면 볼 수 있는 100, 200, 300… 등과 같이 숫자로 표시된 것이 바로 분류의 결과다. 보통 십진분류라고 한다. 세상 모든 지식을 10가지 종류로 구분한 것이다. 물론 다른 분류법도 많이 있다. 다만 십진분류를 가장 많이 사용하고 있을 뿐이다. 그런데 이 십진분류가 좀 재미있다. 원래 미국에서 멜빌 듀이(M. Dewey)가 만든 듀이십진분류표(DDC)가 기본이다. 우리나라도 이 듀이십진분류표를 참고해서 한국십진분류표(KDC)를 만들어 사용하고 있다. 듀이십진분류표에 의하면 100번은 철학과 심리학이다. 사람이 지구상에 등장해서 살아가면서 가장 먼저 질문하게 된 것이 과연 나는 누구인가? 라는 것이다. 그래서 자신에 대해 탐구하고 알아 가는 과정이 가장 먼저 등장한다. 그러다가 나는 어디에서 온 것일까? 자신의 근원을 탐구하게 된다. 그러면서 자연스럽게 신의 문제를 생각하게 된다.

그래서 200번이 종교다. 자신과 신의 문제 다음은 나와 다른 사람, 이웃과의 관계다. 그래서 사람들 사이의 관계에 대해서 탐구하는 사회과학이 300번을 차지한다. 사람들 사이에서 관계를 발전시키기 위해 언어가 등장한다. 400번이 언어다. 사람들이 살아가면서 자연 속에서 어떤 법칙들을 발견하면서 깊이 탐구하게 된다. 과학이 자리한다. 500번이다. 이런 과학 지식 등을 기반으로 새로운 것들을 만들어 낸다. 600번이 기술이다. 살아가는 데 있어 여유와 멋이 늘어나면서 예술과 유희가 창조된다. 700번이 자리한다. 문자를 만들고 기록을 하고 상상을 이야기한다. 800번 문학이 탄생했다. 인류가 서서히 자기의 영역을 넘어 다른 장소를 인식하고 찾아 나서고, 개인과 사회의 삶을 축적해 가면서 지리와 역사가 등장했다. 그래서 900번에 역사와 지리가 자리한다. 이렇게 인류가 자신에서 시작해서 개인과 사회의 삶을 이어 주는 역사에 이르기까지를 체계적으로 구분한 것이 분류다. 그런데 모든 것을 이렇게 9개의 구분에 다 넣을 수 없는 것들이 있다. 그 외 여러 가지, 즉 일반적인 내용을 다룬 것들을 모은 것이 000번대 총류다. 새로운 것들이 나타나면 각 번호 아래 다시 새로운 번호를 부여하면서 확장시켜 나간다. 한국십진분류표는 400번에서 700번까지가 각각 자연과학, 기술과학, 예술, 언어로 구성해서 듀이십진분류표와 다르다. 왜 그랬을까는 한번 상상해 봐도 좋겠다. 이렇게 도서관 안에 있는 십진분류로도 우리는 우리 자신의 지식체계나 삶의 모든 것을 새롭게 구성하고 생각해 볼 수 있다. 도서관에서 책을 분류하는 이런 분류표 말고도 다양한 분야에서 분류는 중요하게 취급된다. 질병 분류도 있고, 정부공문서를 분류하는 법도 있다. 아마도 어느 분야에서든 결국 어떤 방식으로든지 내용이나 방식 등을 체계적으로 분류하고 있을 것이다. 그러고 보니 실생활에서는 쓰레기를 제대로 분류해야 하는 것도 참으로 중요하다. 잘 못하면 지구가 힘들다. 이렇듯 분류를 이해해서 잘 활용한다면 내가 올라가야 할 어깨를 가진 거인도 정확하게 찾을 수 있다. 그럴 때 도서관이 사용하고 있는 분류가 도움이 될 수도 있겠다 싶다.

도서관은 궁극적으로 필요한 정보나 자료, 책을 찾아 읽고 해석하고 분석해서 자신의 문제를 해결하는 무한한 가능성을 가진 열린 공간이다. 개인이 자신의 문제나 호기심 등을 해결하는 방법은 매우 다양하다. 어떤 한 가지 방법이 있을 수 없으니, 여러 방법 가운데서 자신에게 가장 적합한, 또는 해결해야 할 문제나 호기심에 따라 다를 수 있다. 어떤 경우에도 첫 출발은 자신의 문제나 호기심이 어떤 것인가를 제대로 정의하는 것, 즉 과제를 잘 정리하는 것이다. 질문이 정확해야 답을 제대로 찾을 수 있다. 해결해야 할 과제가 정의되었다면 이제 그것을 해결하는 데 필요한 지식이나 정보 등을 최대한 잘 찾아야 한다. 도서관에서라면 그것은 검색을 통해 필요한 것을 모을 수 있다. 이미 말했듯이 어느 정도 신뢰가 더해진 책들이기 때문에 믿고 이용해도 좋다. 만일 검색을 통해서 적절한 것들을 찾기 어렵다면 사서에게 도움을 청해도 된다. 그들이 책을 선정하고 분류하고 배열하고, 또 다양한 질문을 받아 처리한 경험이 있기 때문에 도서관 내에 있는 자료나 책들 가운데 적절하다고 생각되는 것들을 찾아 줄 것이다. 도서관 내에 없다면 다른 도서관 등에 있는 자료도 찾아 준다. 이렇게 해서 확보한 책과 자료를 꼼꼼하게 잘 읽는 것도 중요한 일이다. 그리고 그 안에서 필요한 것들을 찾아내고, 그것들을 잘 정리해서 최종적으로 과제에 대한 해결책을 표현한다. 거듭 확인해야 하는 것은 질문을 제대로 하는 것이 가장 중요하다는 사실이다. 첫 단추를 잘 꿰야 하는 것과 같은 이유다. 그렇기에 도서관은 단순히 책을 읽거나 빌려 보는 곳, 문화 프로그램 등을 즐기는 곳을 넘어 근본적으로 궁금한 것을 해결하도록 돕는 곳이라는, 즉 궁금한 것이 있다면 도서관에 물어보면 가장 제대로 해결책을 찾을 수 있는 곳이라고, 그동안의 인식을 바꾸어야 할 때다. '궁금해요? 그럼 도서관!'이다. 우리나라 도서관들은 함께 힘을 모아서 '사서에게 물어보세요!'라는 서비스도 제공하고 있다. 궁금한 것이 있다면 도서관을 찾아가 보면 분명 만족할 만한 해결책을 구할 수 있을 것이다.

거인의 어깨에 올라 세상을 보고 배우고 그 세상에서 어떻게 살아갈 것인가를 생각하고 필요한 것들을 챙기고 준비하는 것이 청소년 때에 꼭 해야 할 일이다. 넉넉한 어깨를 빌려줄 거인들이 책으로 변해서 도서관 안에 모여 있다. 그러니 도서관에 가서 어느 거인의 어깨에 올라 그와 함께 세상을 보고 배울 것인가, 선택해 보자. 한 거인의 어깨에 올랐다가 다른 거인의 어깨에 올라도 괜찮다. 미리 어떤 거인을 찾을 것인가 생각하고 찾아도 좋겠지만, 언제든 도서관에 가서 책장 사이를 거닐면서 어떤 책이 있는지, 종종 그 가운데 한두 권을 꺼내 펴 보아도 좋겠다. 그러다가 정말 우연히, 그렇지만 인연이듯 꼭 만나야 할 거인을 찾을 수 있다. 그걸 '우연한 발견'이라고 한다. 도서관 안에서는 자주 그렇게 우연한 발견이 일어난다. 청소년 때에도 해야 할 일, 하고 싶은 일은 참 많을 것이다. 그 일 가운데 하나가 도서관에 가서 어딘가에서 나를 기다리고 있을 거인을 찾아보는 것은 어떨까? 세상은 호기심을 가지고 찾아나서는 사람에게 모든 것을 줄 준비가 되어 있다. 그런 세상을 향해 거인의 어깨에 올라 즐거운 항해를 떠나 보길 바란다.

황임경

한림대학교 의과대학을 졸업하고 영상의학 전문의 자격을 취득했다. 서울대학교 의과대학 인문의학 교실에서 '의학과 서사(내러티브)'에 관한 연구로 의학박사 학위를 받았다. 현재는 제주대학교 의학전문대학원 의료인문학 교실 주임교수로 재직하면서 의학과 인문학의 다양한 접점을 모색하고 있다. 저서로는 『의학의 전환과 근대병원의 탄생』(공저, 2014), 『임상윤리학』(공저, 2014), 『내러티브 연구의 현황과 전망』(공저, 2014) 등이 있다.

08

건강 뒤집어 보기

얼마 전에 아마존을 둘러보다가 『Against Health(건강에 반대한다)』라는 도발적인 제목의 책을 접한 적이 있다. 요즘같이 건강에 관한 관심이 높은 시대에 건강에 반대한다니? 나만 해도 몇 년 전부터 고질적인 어깨와 등 통증을 견디다 못해 요가를 시작했고, 최근에는 근육량을 늘리기 위해 주변으로부터 각종 운동 동작을 배우고 있다. 공원에 산책하러 나가 보면 많은 이웃들이 땀을 뻘뻘 흘리며 뛰거나 걷고 있는 모습을 쉽게 볼 수 있다. TV 광고에선 실력이 비슷한 수험생들의 수능 성적은 결국 체력이 결정한다면서 여러 가지 건강보조식품을 권유한다. 어느덧 건강은 이 시대를 살아가는 이들이 꼭 갖추어야 할 삶의 밑천이자 행복의 지름길이 되었고, 그 자체가 선(善)으로 여겨진다. 그런데도 건강에 반대하는 이유는 뭘까? 책의 도발적인 제목이 머릿속을 떠나지 않았다. 그리고 생각은 과연 건강하다는 게 뭘까에 이르렀다. 그러고 보니 의과대학을 졸업하고 영상의학과 의사 노릇을 한 지 꽤 되지만 건강에 대해서 별로 깊게 생각해 본 적이 없는 것 같다. 아니 의과대학에서도 건강에 대해서 뭘 배웠는지 잘 기억이 나질 않는다. 그 유명한 세계보건기구(WHO)의 건강에 대한 정의 정도만 어렴풋이 기억날 뿐.

결국, 건강이 뭔지 따져 봐야 그것을 따르든 반대하든 의견이 정리될 것 같다. 정말 건강이란 뭘까? 거기서 더 나아가서, '건강'이라는 개념을 우리는 어떻게 쓰고 있는 것일까?

'건강' 개념의 계보학

건강의 개념 중 가장 널리 알려진 것은 1948년 세계보건기구가 선언한 건강일 것이다. "건강은 단지 질병이 없는 것이 아니라 신체적, 정신적, 사회적으로 완전한 안녕(well being) 상태이다"라며 어릴 때부터 외우던 바로 그 정의이다. 건강을 정의하는 데 있어서 정상적인 신체 기능의 유지만이 아닌 정신적, 사회적 측면까지 고려한 것을 보면 건강을 의학적 관점에서만 좁게 파악하지 않으려 했던 의도를 읽을 수 있다. 더구나 오늘날 유행하고 있는 '웰빙'이라는 용어를 통해 삶의 질까지 고려한 선구적인 개념이기도 하다. 하지만 세계보건기구의 정의는 매우 이상적인 것처럼 여겨진다. '완전한' 상태가 현실에서 가능한 걸까? 더구나 그 '완전한 안녕 상태'라는 것을 우리가 기준을 갖고 객관적으로 측정할 수 있는 걸까? 세계보건기구의 정의는 정량적(定量的)인 용어가 아닌 정성적(定性的)인 용어를 사용함으로써 건강의 개념을 모호하게 만들었다. 어느 정도가 완전히 안녕한 상태인지 구체적으로 파악하기가 어려운 것이다. 또한, 세계보건기구의 정의는 우리가 일상적으로 품고 있는 건강에 대한 관념과도 어긋난다. 보통 우리는 건강을 질병의 반대로 생각하는 소극적인 건강 개념에 익숙해 있다. 병을 앓지 않고 아픈 데가 없으면 건강하다고 생각하는 것이다. 결국, 세계보건기구의 정의만으로는 충분치 않다. 건강이라는 개념이 역사적으로 어떻게 변천해 왔는지 살펴봐야만 세계보건기구의 정의도 더욱 잘 이해할 수 있을 것 같다.

건강에 해당하는 영어인 health의 어원을 살펴보면 완전한(whole), 전체성(wholeness), 건전한(sound), 신성한(holy) 등의 뜻을 지니고 있어서 상당히 종교적인 의미를 담고 있음을 알 수 있다. 신에게 몸을 바치려면 그 몸은 완전한 상태여야 한다는 뜻일 텐데, 오늘날 의학적으로 정의되는 건강의 개념과는 많이 달랐던 것이다. 고대 그리스에서는 유크라시아(eucrasia)라고 하여 몸을 구성하는 4가지 체액(혈액, 점액, 황담즙, 흑담즙)이 균형 잡힌 상태를 건강하다고 여겼다. 종교적인 의미의 완전함과는 차이가 있지만, 몸을 부분으로 나누기보다는 하나의 '전체적인' 시스템으로 보고, 몸의 자연적인 치유 능력을 중요하게 여겼다는 점에서는 완전함을 중시하는 health의 어원에서 크게 벗어나지 않는 셈이다.

더욱 흥미로운 것은 한자어 '건강(健康)'이다. 동아시아 전통 의서에는 건강(健康)이라는 단어가 등장하지 않는다고 한다. 단지 강(康)이나 강평(康平) 같은 단어가 건강, 안녕 등의 의미로 활용되었다. 그렇다면 오늘날 건강에 해당하는 개념은 무엇이었을까? 미병(未病), 양생(養生) 등의 개념이 존재했다. 미병은 '아프지 않은 상태' 또는 '질환으로 현상화되지 않은 상태'를 가리키는데, 오늘날의 관점에서 보면 건강과 질병 사이에 놓여 있는 스펙트럼의 어느 한 지점이라고 할 수도 있겠다. 그리고 미병의 상태에서 병으로 진행하지 않기 위해서는 적절한 노력과 개입이 필요한데 이것이 양생이다. 이렇게 보면 동아시아의 전통적인 건강 개념은 건강을 고정된 실체가 아닌 생성되는 과정으로 여기고 그 과정에서 적절한 노력이 필요함을 강조했다는 것을 알 수 있다.

이처럼 동서양 모두 먼 과거에는 오늘날 우리가 알고 있는 건강과는 상당히 다른 건강 개념을 지니고 있었다. 그렇다면 건강 개념은 언제, 어떻게 변한 것일까?

고대 그리스 의학을 특징짓는 4체액설은 중세를 넘어 근대 초까지도 강력한 영향력을 발휘하였다. 건강은 체액의 흐름이 원활하고 조화와 균형을 유지할 때만이 달성할 수 있었다. 즉, 건강은 일종의 평형 상태라고 할 수 있다. 하지만 서양 의학의 시선이 몸을 부분으로 나누고 질병이 생기는 특정한 위치를 몸 내부에서 찾기 시작하면서 건강에 대한 시각은 점차 바뀌게 된다. 특히 18세기 후반부터 19세기 초반까지 해부병리학의 발전과 더불어 파리임상학파라고 불리는 일군의 임상 의사들이 환자의 증상이나 신체검사 소견과 사체의 부검 소견을 비교하기 시작하면서 건강보다는 질병이 의사들의 주요 관심사로 등장하게 된다. 이제 건강은 언제나 질병을 통해서만 정의되는 내용 없는 공간이자 무정형의 상태가 된다. 질병이 없는 것이 곧 건강한 것이다. 따라서 질병은 몸의 정상적인 기능을 방해하는 비정상적인 상태이며, 건강은 곧 정상 상태이다. 이런 건강관은 19세기 후반 세균설의 확립과 더불어 위생 관념이 도입되면서 더욱 강화되었다. 불결한 외부 인자로부터 몸을 보호하고 청결하게 하는 것이 질병에 걸리지 않는 방법이며 건강을 유지하는 지름길이 된 것이다. 이런 건강 개념의 변화는 동아시아에서 health가 건강(健康)으로 번역되는 과정에서도 드러난다. 19세기 일본의 난학자(蘭學者)들은 서양 의학에 바탕을 둔 health가 가진 해부학적, 생리학적 개념을 기존의 동아시아 의학이 가진 주관적인 의미의 용어로 적절하게 번역하는데 어려움을 겪었는데, 이것이 건강(健康)이라는 용어를 발명하게 된 계기가 된 것이다. 더구나 제국주의 시대를 관통하면서 체격, 체력의 개념까지 덧붙여지게 되고 바야흐로 건강은 국가의 정치적, 경제적 힘을 실현하는 데 필수적인 조건으로까지 확대된다. 그리고 이렇게 발명된 건강 개념은 식민지 조선에도 그대로 이식되었다.

하지만 2차 세계대전 이후 의료기술의 발전과 생활환경의 개선, 복지제도의 확립과 더불어 수명이 늘어나고 만성질환이 증가

하면서 건강을 바라보는 새로운 시각이 요구되었다. 질병을 치료하는 것보다 관리하는 것이 중요해지고 질병과 함께 오랜 기간을 살아야 하는 시대가 되면서 건강을 단순히 육체적인 질병이 없는 상태로 정의하는 것에 문제의식이 생긴 것이다. 더구나 건강과 질병에 대한 환경적, 생태적, 사회적 요인이 점점 더 중요하게 인식되면서 건강과 질병을 개인의 영역으로 보는 기존의 관념에 변화가 나타났다. 이렇게 변화한 시대상을 반영한 것이 1948년에 발표된 세계보건기구의 건강에 대한 정의이다. 이 정의는 건강에 대한 생물심리사회적 모델(biopsychosocial model)에 근거하고 있다. 즉, 육체적인 현상으로만 생각했던 건강이 실제로는 다양한 심리적, 사회적 요인과 연결 관계에 있다는 것이다. 이를테면 보건의료 영역에 많은 자원을 투자할 수 있는 개인이나 국가와 그렇지 못한 개인이나 국가 사이에는 건강 수준이 차이가 날 수밖에 없고 이러한 '건강 불평등'은 중요한 사회적 이슈로 자리매김하고 있는 것이 현실이다.

건강에 대한 의철학의 논의

건강에 대한 관념이 역사적으로 변화했고 문화에 따라 다양하다면 건강을 하나의 단일한 개념으로 정리하려는 시도 자체가 큰 의미가 없어 보인다. 오히려 건강에 대해 얼마나 다양한 관점이 있는지를 살펴보는 것이 더 도움이 될 것이다.

의학의 바탕을 이루는 주요 개념들을 철학적으로 살펴보는 학문 분야를 보통 의철학(philosophy of medicine)이라고 하는데, 그동안 의철학 영역에서 건강에 대해 이루어졌던 논의를 살펴보자. 여러 가지 의견이 있겠지만 의철학에서는 건강을 크게 두 가지 관점에서 논의해 왔다.

우선 첫 번째 관점은 건강을 순수한 생물학적, 의학적 현상으로 보는데, 보통 '자연주의적', '분석주의적', '환원주의적' 관점으로도 불린다. 이에 따르면 건강이란 생물학적으로 정상적인 기능을 수행할 수 있는 상태를 의미한다. 그리고 이런 정상 상태는 몸의 구조나 기능을 관찰하고 그 결과를 통계적인 방법을 동원하여 분석하면 파악할 수 있다고 본다. 이런 관점을 대표하는 이론으로는 미국의 철학자 부어스(C. Boorse)의 '생물통계학 이론(biostatistical theory)'이 있다. 부어스는 의학 이론과 실천(practice)은 분명히 다르다고 주장하면서 건강의 이론적 측면과 실천적 측면을 명확히 구분하고 있다. 즉, 실제의 삶에서 건강은 인간의 삶과 떼려야 뗄 수 없지만, 이론적 측면에서는 생물학적 현상일 뿐이라는 것이다. 따라서 부어스에 의하면 인간을 포함한 특정한 생물체가 생존과 생식을 하기 위해 통계적으로 파악된 정상적인 기능을 수행할 수 있는 능력이 있다면 그 생물체는 건강한 상태라고 본다. 만약 질병이 발생하여 통계적으로 정상적인 기능을 수행할 수 없다면 건강하지 않은 것이다. 즉, 건강은 질병의 부재(不在)로 파악된다. 또한, 부어스의 건강 개념은 가치중립적(value free)

이기도 하다. 건강이란 좋거나 나쁜 것이 아니라 특정한 자연적 속성을 갖는 중립적인 개념일 뿐이기 때문에 그것의 의미를 따지기보다는 그 속성을 기술하여 파악하는 것을 더 중요하다고 보는 것이다.

부어스의 건강 개념은 현대 생의학의 관점과 상당히 부합한다. 현대 생의학은 건강이나 질병을 생물학적이고, 환원적으로 파악하여 질병을 제거하면 곧 건강해진다고 가정하기 때문이다. 하지만 이런 건강 개념은 실제 인간의 삶과 동떨어져 있다는 비판을 받기도 한다. 이런 비판은 건강에 대한 두 번째 관점과 이어지는데, 보통 전체론적(holistic) 관점이라고 한다.

전체론적 관점에서는 건강과 인간의 삶이 분리되지 않는다. 또한, 인간의 몸을 부분으로 나누어 보기보다는 각 부분이 긴밀히 연결된 하나의 체계로 파악하고, 외부 환경이나 사회와도 상호 영향을 주고받는다고 본다. 이는 고대 의학이 가졌던 몸과 건강 개념과 상당히 유사하다. 따라서 전체론적 관점에서는 개별 인간의 주관적 상태가 매우 중요하며, 건강은 개별 인간에 따라 다양한 가치를 갖게 된다. 부어스의 건강 개념과 달리 가치가 개입된(value laden) 건강인 것이다. 따라서 건강은 규범적(normative)이기도 하다. 이런 건강 개념을 대표하는 이론 중에는 스웨덴의 의철학자인 노덴펠트(L. Nordenfelt)의 행위 이론적 접근법(action-theoretic approach)이 있다. 노덴펠트에 따르면 건강은 한 인간이 특정한 상황에서 삶의 목적을 달성하기 위해 의지적인 행위를 할 수 있는 총체적인 능력을 말한다. 따라서 노덴펠트의 건강 개념은 단순히 생물학적인 차원에만 해당하는 것이 아니라 개인의 주관적 차원과 개인을 둘러싼 사회적 차원이 모두 관여하는 개념이 된다. 예를 들어 일주일의 피로를 풀기 위해 등산을 하기로 마음먹은 사람이 힘들지만 등산에 성공했다면 그 사람은 건강한 상태에 있다고 볼 수 있다. 등산이라는 목적을 달성하기 위해서는 근육, 심폐기능 같은 다양한 신체 능력이 필수적이지만 시간과 여유, 적당한 비용, 함께 등산할 동료 등 다양한 개인적, 사회적 요소들이 관여하게 된다. 따라서 건강은 한 인간의 내적, 외적 요소가 긴밀하게 상호작용을 하는 총체적인 현상인데, 이것은 세계보건기구의 건강 개념과도 맥을 같이 한다. 그렇다면 질병은 그런 능력을 제한하게 될 것이다. 결국, 부어스의 개념과는 달리 노덴펠트의 개념은 건강이 먼저 정의되고 질병이 뒤따라오게 된다. 또한, 건강과 질병이 한 사람에게 같이 존재할 수도 있다. 특정한 목적을 가진 행위를 수행할 수 있는 능력이 일부 손상되었어도 여전히 그것을 실현할 수 있는 가능성이 존재하기 때문이다.

이데올로기로서의 건강

건강의 개념을 의철학적으로 분석해 보니 건강을 바라보는 시각이 좀 더 정리되는 것 같다. 건강을 생물학적인 정상 상태로 보고 가치중립적인 개념으로 정의하거나, 아니면 건강을 삶의 목적을 실현하기 위해 신체적, 심리적, 사회적 요소가 총체적으로 개입하는 삶의 조건으로 보고 특정한 가치를 부여하는 견해로 크게 나눠볼 수 있었다. 그런데 좀 싱겁기도 하다. 우리는 이미 세계보건기구의 건강 개념을 통해 건강을 단순히 의학적인 입장에서만 보는 것이 좁은 시각임을 이해하고 있지 않은가? 그런데도 이런 분석이 의미가 있는 것은 우리가 실생활에서 건강을 어떻게 인식하고 있는지 알려 주기 때문이다. 우리가 건강에 대한 전체론적인 개념을 이해하고 있다고 해서 일상에서 직관적으로 그런 건강 개념을 사용하고 있지는 않은 것 같다. 우리는 여전히 건강을 몸에 국한된 의학적, 생물학적 개념이자 질병이 없는 상태로 보는 경우가 대부분이다. 어르신들이 "나이 들면 다른 거 다 필요 없어. 건강이 최고야"라고 말씀하실 때 건강은 무엇보다도 아프지 않은 것을 말하는 것이다.

이처럼 현대 사회에서 건강에 대한 앎과 삶의 불일치가 나타나는 이유는 몸과 건강을 바라보는 시각이 의학적인 관념에 상당히 포섭되어 있기 때문이다. 이것을 사회학자들은 '의료화(medicalization)'라고 말한다. 의료화란 의학과 의료 기술의 발전과 더불어 과거에는 의학적인 문제로 여겨지지 않던 것이 의학의 영역으로 포함되어 진단, 치료의 대상이 되는 것을 말한다. 예를 들어 전통 시대에는 출산이나 죽음이 주로 가정에서 벌어지는 삶의 사건이었다면 현대에는 병원에서 처리되는 의학적인 문제로 인식되는 현상을 들 수 있다. 또한, 실천의 차원뿐 아니라 이론의 차원에서도 비의학적인 사건이나 현상을 의학의 틀로 설명하려는 시도도 의료화의 범주에 포함될 수 있다.

건강도 예외는 아니어서 사회의 의료화가 진행될수록 건강에 대한 담론을 독점한 것은 주로 의학이었다. 건강은 곧 질병이 없는 상태이며 의학의 힘을 빌려 질병을 치료하면 건강한 상태로 회복된다는 것이 근대 의학에 포섭된 건강 개념이었다. 더구나 2차 세계대전 이후로는 의학적인 건강 개념도 계속 변화하고 있다. '질병 치료는 곧 건강의 회복'이라는 담론으로부터 한 발 더 나가 '질병을 예방하는 것이 건강한 것'이며, 그런 건강은 의학을 통해 더욱 '증진'시킬 수 있다는 생각이 나타난 것이다. 이것은 의료 기술의 발전에 힘입은 바가 크다. 각종 의료영상기술이나 분자생물학 기법이 임상에 도입되면서 구조적으로 질병이 발생할 가능성이 있는 병변들이나 유전적 소인 등이 발견되기 시작한 것이다. 또한, 운동, 금연, 금주, 건강한 성생활 등을 통해 생활 습관을 고치는 것도 질병을 예방할 수 있다고 널리 교육되기 시작하였다. 이제 건강은 발전된 의료기술을 통해 몸을 정기적으로 감시하고, 의학적 충고를 바탕으로 적극적으로 생활 습관을 고치며, 이상이 발견되면 조기에 몸에 개입함으로써 획득할 수 있는 것으로 개념화되었고, 우리는 일상에서 이런 건강 개념을 쉽게 받아들이고 있다. 더구나 의료 상업화가 진행되면서 건강은 소비되는 상품이라는 개념적 재구성이 이루어지고 있다. 성형수술이나 보약에서 알 수 있듯이 우리는 돈을 주고 건강을 살 수 있다는 생각에 익숙해져 가는 것이다. 결국, 건강에 대해서 늘 관심을 갖고 건강을 증진하거나 건강에 위해를 가하는 각종 신체적, 심리적, 사회적, 환경적 요인을 조절하려고 애쓴다는 점에서 우리는 매우 주체적이지만, 한편으로 그런 노력이 대부분 의학적인 관점에 포섭되어 있다는 점에서 우리는 매우 수동적인 존재가 되었다.

그런데 현대 사회에서 의학이 건강 개념을 독점하는 것을 어떻게 바라봐야 할까? 20세기 초와 비교해서 사망률이나 평균 수명 같이 건강 수준을 평가하는 지표가 현저히 향상된 것을 보면 분명 긍정적이다. 하지만 인류 역사상 가장 건강한 시대를 사는 우리가 역설적으로 건강에 대해 가장 걱정이 많은 것은 혹시 이런 건강 개념의 독점화와 관련이 있는 건 아닐까? 실제로 건강의 의료화가 진행될수록 우리가 앞에서 살펴본 건강에 대한 전체론적인 관점은 자꾸 소외되고 있지 않은가?

내 건강의 주인이 되는 법

우리는 살면서 건강한 삶을 유지하기 위한 자신만의 비결을 갖게 된다. 스스로 터득한 것일 수도 있고 부모님이나 선생님께 배운 것일 수도 있으며 TV나 책을 통해 알게 된 것도 있다. 어떤 비결이 있을까? 나의 경우엔 어릴 때 아버지로부터 배운 '냉수마찰'이 가장 기억에 남는다. 냉수마찰이란 차가운 물에 적신 수건을 꼭 짜낸 다음에 온몸을 강하게 닦아 내는 방법인데, 우리나라에서는 예로부터 건강법의 하나로 널리 사용되었다고 한다. 1950~70년대 유명 영어 강사였던 안현필 선생이 냉수마찰 전도사로 널리 알려지는 바람에 한때는 수험생들 사이에서도 큰 인기를 끌었다. 그런데 그냥 맘대로 몸을 닦는 것이 아니라 순서가 있었다. 팔다리부터 시작하여 몸통을 향하는 방향으로 진행하였고 배는 원을 그리면서 닦아야 했다. 수건을 너무 물에 자주 적셔도 안 되고, 너무 힘을 줘서 피부가 상하게 해서도 안 된다. 이미 냉수마찰을 그만둔 지 꽤 되었지만 냉수마찰을 끝냈을 때 피부가 빨개지면서 얼얼하던 그 기분은 여전히 잊혀지지 않는다.

아버지의 강권에 못 이겨서 시작하긴 했지만 지금 생각해 보면 나에게 냉수마찰이란 하나의 의례나 의식에 가까웠다. 냉수마찰을 통해 더욱 건강한 상태에 도달하고자 하는 욕심도 별로 없었고, 특별히 어디가 아파서 그 부위를 치료하기 위해 한 것은 더더욱 아니었다. 아무 생각 없이 몸을 닦아 내고 피부가 빨개지면서 서서히 올라오는 열감을 그냥 느끼고, 다 끝나면 찬물 한 바가지를 몸에 끼얹는 그 과정 자체만 존재했을 뿐. 찬물이 피부의 혈관을 수축시키고 근육을 긴장시키며, 마찰이 피부의 혈관을 충혈시켜 온감을 느낌으로서 혈액 순환을 촉진하고 근육의 피로를 풀어주며 소화를 돕는다. 등등…. 이렇게 냉수마찰의 효과에 대해 의학적으로 설명할 수 있다 한들, 찬 기운과 열감이 번갈아 오르던 그 묘한 몸의 기억, 마치 몸에 구멍이 있어서 외부에 완벽히 열린 것만 같던 그 몸의 느낌을 이해할 수 있을까?

몸의 내부가 외부로 열려 있어서 자유롭게 교통하고 평형을 유지하고 있는 그 느낌, 이것은 독일의 철학자인 가다머(H. G. Gadamer)가 말한 건강의 개념과 비슷하다. 가다머는 건강을 일종의 평형 상태라고 말한다. 평형 상태란 서로 다른 힘들 긴의 균형이 잘 잡혀시 어떤 무게도 느끼지 못하는 상태인데, 우리가 평소에 건강을 의식하지 않고 살아가는 것 또한 이런 평형 상태에 있기 때문이다. 따라서 건강은 일정한 삶의 리듬이자 평형 상태가 깨지지 않도록 적당한 균형을 유지해 나가는 일이기도 하다. 우리가 무언가 몰입해서 일하고 있을 때 심장 박동이나 호흡하는 소리를 전혀 의식하지 못하듯이, 건강은 사회 속에서 인간이 무언가를 실현하고자 할 때 바탕이 되는 물리적이면서 실존적인 조건이 된다. 건강은 의식하는 것이 아니라 언제나 감추어져 있는 균형이자 조화인 것이다. 따라서 이런 균형을 억지로 유지하기 위해 외부에서 과도한 개입을 할 때는 평형 상태가 오히려 깨지기도 한다. 이데올로기로써의 건강이 우리에게 불러일으키는 불안과 강박이 그 대표적인 예일 것이다. 인간은 자연에 둘러싸인 반투과적인 존재여서 온전히 자신의 힘만으로도, 또는 의학과 같은 온전한 외부의 힘만으로도 건강을 유지해 나갈 수 없다. 건강과 삶 그리고 자연을 전체적으로 보기보다는 의학의 개입만을 구하는 태도나 내 몸의 완결성을 맹신한 나머지 의학의 효과에는 무조건적인 의심의 눈길을 보내는 태도 모두 바람직하지는 않다. 건강은 결과라기보다는 차라리 과정에 가깝고, 고정된 실체보다는 균형과 흐름에 더 가깝기 때문이다. 실체가 없는 건강을 얻기 위해 굳이 애쓰지 않아도 내 삶의 리듬을 유지하고 회복하려고 노력한다는 자체가 이미 건강을 증명하는 것은 아닐까?

참고문헌

『의철학연구』 5(1), 「'건강(health)'에 대한 한의학적 고찰」, 오재근·김용진, 2008, pp.19~52.
『전문가들의 사회』, 이반 일리치 외, 신수열 옮김, 사월의 책, 2015.
『인문의학-인문의 창으로 본 건강』, 인제대학교 인문의학연구소 엮음, 휴머니스트, 2008.
『철학자 가다머 현대의학을 말하다』, 한스 게오르크 가다머, 이유선 옮김, 몸과 마음, 2002.
Lennart Nordenfelt, On the Nature of Health (Dordrecht: Kluwer Academic Publishers), 1995.

정용실

26여 년의 방송생활에서 6만여 명의 사람들을 만나 이야기를 들어왔다. 10년 동안 60여 명의 멘티(학생)들을 만나 그들의 고민을 나눠 왔다. 18여 년 소설 속에서 수많은 사람들의 삶을 같이했다. 사람 이야기를 듣는 일을 잘 한다고 생각한다. 그러기 위해선 나의 진실한 이야기부터 들어야 한다고 늘 생각한다.

내 자신에 대한 잡다한 글쓰기를 하고 있다. 『서른, 진실하게 아름답게』, 『도시에서 행복하게 사는 법』, 『혼자 공부해서 아나운서 되기』, 『언젠가 사랑이 말을 걸면』 들을 썼다.

09

네 안의 목소리를 들어 봐

태어나서 우리는 제일 먼저 엄마의 목소리를 듣게 될 겁니다. 아니, 태어나기 전부터 어쩜 우리는 엄마의 목소리를 알고 있었을지도 모르지요. '아가야, 나는 널 사랑한단다'라는 엄마의 달콤한 목소리. 나이가 든 지금도 우리는 늘 엄마의 그 달콤한 목소리를 그리워하며 사는지도 모르겠어요. 어린 시절엔 엄마 목소리가 크게 들리고, 내 목소리는 작게 들리지요. 하지만, 만약 당신이 좋고 싫음이 분명한 아이였다면 자기 소리가 조금 더 크게 들렸을지도 모릅니다. 대부분은 사춘기, 자아가 형성되기 시작하는 시기부터 비로소 자기 목소리가 크게 들리기 시작하지만요.

내 안의 목소리는 아닌 것은 아니라고 말한다!

여기서 제 얘기를 좀 해 볼게요. 저는 부모님의 뜻에 따라 4살에 피아노를 배우기 시작했어요. 지금도 그렇듯이 그 어린 나이에 저는 음악 듣는 걸 좋아했고, 음악을 잘 이해하는 편이었어요. 재능이 있다고 생각했지요. 그래서였는지 피아노를 처음 배울 땐 즐거웠어요. 그런데 점점 시간이 지날수록 내 안에서 이런 목소리가 들리는 거예요.

'왜 꼭 여기 적힌 손가락 번호를 지켜야 하지?'

'악보대로가 아니라 내가 느끼는 대로 치면 안 될까?' … 뭐 이런 말이었어요.

나만 이렇게 생각하는 걸까 궁금해 다른 친구들에게 조심스럽게 물어봤죠.

"야, 너는 악보에 적힌 손가락 번호대로 치는 게 힘들지 않니?

네 느낌대로 쳐 보고 싶지 않아?"

그런데, 친구들은 기대와는 영 다른 대답을 했죠.

"음… 글쎄. 악보대로 쳐야 손이 편하던데… 왜?"

"나는 모차르트가 작곡한 대로 그대로 쳐 보고 싶어." 이렇게 말이에요.

그때 저는 사람마다 피아노를 치는 것에 대해 생각하는 게 다 다를 수 있다는 걸 깨달았어요. 그럼, 왜 나는 이런 생각을 한 걸까…. 곰곰 생각해 보게 되었지요. 그래요. 전 원래 반복하는 것을 참 싫어해요. 이해하고 알았다고 생각하면 다른 것으로 넘어가야 하죠. 대신 새로운 환경, 새로운 사람 등등에 대한 스트레스는 거의 없어요. 사실 그땐 이렇게 자세히 내 자신을 알지는 못했어요. 단지 나는 반복을 싫어한다는 것 정도만 알아냈지요. 이런 사실을 알았다고 바로 뭔가를 하진 않았어요. 다시 말해, 내 안의 목소리를 살짝 무시했지요. 그런 소리 때문에 내가 유일하게 잘하는 피아노를 그만둘 수는 없었고요. 어린 나이였지만, 인생이라는 게 그렇게 쉽게 바꿀 수 있는 게 아니라고 생각했어요. 그래서 묵묵히 피아노를 계속 쳤어요. 그런데, 이 목소리는 사라지질 않았어요. 점점 잦아지거나 점점 커졌죠. 이해할 수가 없었어요. 도대체 이 목소리는 어디서 나는 걸까요? 왜 이 소리들은 사라지질 않는 걸까요? 나는 피아노를 치다 말고 멍하니 창문을 내다보고 있는 시간이 길어지기 시작했죠. 여러 가지 생각이 그 사이 스쳐 갔어요. 나보다 늦게 시작해서도 나보다 훨씬 피아노를 잘 치는 아이들, 나는 왜 이 좁은 방에 갇혀 나갈 수 없을까 하는 생각도, 밖에서는 신나게 소리 지르며 노는 아이들의 목소리도 들리고, 나는 무엇 때문에 이렇게 앉아 있는 건가 하는 생각도 들고….

그렇게 시간을 흘러 보내며 초등학교 5학년이 되었고, 저는 콩쿠르에 나가게 되었죠. 선생님 댁에 모여 총연습이 있는 날이었어요. 이상하게 나는 자신이 없었죠. 콩쿠르를 나갈 수 없을 거라는 생각이 내 머릿속을 가득 채웠지요. 끌려가는 소처럼 마지못해 총연습을 가야 하나 생각하고 있었죠. 그때 내 마음의 소리가 너무도 강력하게 말하는 거예요.

'넌 이 길이 너의 길이 아니라는 걸 알고 있지? 근데 왜 이리 여기서 떠나질 않는 거야? 어차피 콩쿠르에 나가도 안 될 거라는 걸 알면서. 재능이 없다는 사실도 빤히 알면서. 음악을 단지 좋아하는 거랑 잘하는 건 다르다고. 근데 왜 아직도 여기서 서성거리고 있는 거야?'

아, 이 목소리가 사라진 줄 알았는데 사라지긴커녕 더 커지고, 강해졌는걸. 이젠 더 이상 이 목소리를 무시할 수만은 없을 것 같았어요. 그 즉시 한 친구에게 급히 부탁을 했지요.

"혹시 너희 집에 좀 가도 되니?"

친구는 멍한 표정으로 나를 쳐다보다가 고개를 끄덕였지요.

그 말을 시작으로 나는 난생 처음 내 안의 목소리에 따라 움직이기 시작했어요. 사실 속으론 겁이 많이 났어요. 부모님이 아시게 되면 크게 혼이 날 텐데… 그뿐 아니라 이러다 잘못되면 다 내 책임이 될 게 분명한데…. 하지만 그동안 내가 묵살했던 내 안의 목소리는 이미 자기 뜻을 굽히질 않았어요. 이 길이 내 길이 아니라고 분명하게 말하고 있었고, 내가 하고 싶은 걸 찾을 수 있을 거라고 내게 자신감을 북돋워 주는 거 아니겠어요. 그 친구 집에 머물면서 시간을 보내고 있었지만, 머릿속은 온통 내가 이래도 되나 하는 근심걱정으로 가득했어요. 그래도 몸은 절대 움직이지 않았어요. 드디어 밤이 늦어졌고, 부모님은 나를 찾아 헤매고 계실 게 분명한 시간이었어요. 나는 집으로 발걸음을 옮겼지요. 발걸음은 내 마음만큼이나 무거웠어요. 속으론 내 안의 목소리를 따라 행동한 내 자신이 후회스럽기까지 했고요.

우리 동네 어귀에 들어서자 아니나 다를까 부모님이 떡하니 서 계신 게 아니겠어요. 얼마나 크고 무서워 보이던지…. 나는 말을 더듬거리기 시작했어요. 하지만 도대체 어디서 그런 용기가 났는지…. 내가 음악은 좋아하지만 피아노에 재능이 없다는 사실과, 어릴 때부터 책을 읽는 것을 좋아했고, 누군가를 가르치는 일을 해 보고 싶다는 말을 조목조목 하는 거 아니겠어요. 그동안 마음속 깊이 묻어 둔 내 안의 목소리가 쏟아져 나오는 듯했어요. 부모님은 내 말을 다 들으시고는 걱정스런 표정으로 단 한마디를 하셨어요.

"네가 정 그렇게 생각한다면… 하고 싶은 대로 해라. 어떻게 하는지 지켜보겠다."

나는 가슴을 쓸어내렸죠. 안 된다고 소리를 지르시거나 매를 드실 수도 있었고, 절대 안 된다며 뜻을 굽히지 않으실 수도 있었지만, 부모님은 내게 분명 무슨 이유가 있어서일 거라고 믿어 주신 거지요.

지금 생각해 보면, 이 순간 부모님의 반응은 저에게 상당히 소중한 거였어요. 내 안의 목소리를 용기 내어 겨우 내뱉었을 때, 그 소리에 귀 기울여 주셨다는 것, 그리고 내 안의 목소리대로 뭔가를 해 볼 수 있는 기회를 주셨다는 것! 바로 여기서 내 인생은 중대 한 전환점을 맞게 됩니다. 어렸지만 내가 원하지 않는 것이 무엇인지 정확하게 알기 시작했고, 원하는 바대로 살아야 행복할 수 있다는 사실을 온몸으로 체험했으니까요. 진정 원하는 것. 그것은 그 어떤 것으로도 내체될 수가 없다는 사실을요. 잠시 잠깐을 속일 수는 있어도 전 생애를 속일 수는 없죠. 긴 시간 부모나 타인을 속일 수는 있어도 제 자신을 속일 수는 없지요. 우리는 인생을 살다가 언제 어디서 진짜 내가 원하는 걸 만나게 될지 몰라요. 진짜는 가짜들을 단숨에, 훅 날려 버리지요. 진짜 원하는 일을 만나게 되는 순간, 원하는 일일 거라고 믿어 온 많은 것들이 한순간에 저 멀리로 날아가죠. 진짜 내가 사랑하는 사람의 경우도 마찬가지죠. 정말 사랑하는 사람을 만나게 되면, 그동안 사랑하려고 노력했던 사람은 내 눈에서 한순간에 사라지게 되죠. 이렇게 정말 사랑하고, 정말 원하고, 정말 하고 싶은 것들은 우리 인생에서 엄청난 힘을 가지고 있답니다.

저는 운 좋게도 이 사실을 어린 나이에 알게 되었고, 그때부터 내 자신의 솔직한 감정과 내 안에서 나오는 목소리에 귀 기울이게 되었죠. 정말 운이 좋았다고밖에 달리 설명할 길이 없군요. 굳이 내게서 이유를 찾아보자면, 제가 솔직해서일 수도 있어요. 그래서 거짓 감정이나 거짓 행복을 진짜라고 믿을 수는 없었는지도 몰라요. 암튼 저는 이 일을 계기로 제 안에서 나오는 목소리가 중요하다고 생각하기 시작했어요. 그러다 보니 내 안의 목소리는 정말 중요한 순간마다 저를 안내하기 시작했답니다.

원하는 걸 위해서는 참고 견뎌야 한다!

저는 그 이후론 내가 좋아하는 걸 소중하게 생각하며 제 길을 찾아왔답니다. 대학을 가기 위한 진로를 정할 때도 나를 가장 잘 아는 선생님과 나를 아끼고 좋아하는 학교 선배 언니와 집중적인 상담을 했지요. 역시 나라는 사람을 잘 아는 터라 허튼 방향을 제시하질 않았어요. 고 2 때 담임선생님은 공부뿐 아니라 학생 극장(학년별, 반별 장기자랑), 소풍 등에서 늘 주목을 받으며 사회를 보길 좋아하던 저를 눈여겨보셨더군요.

"너는 평생 연구만 해야 하는 순수 학문 분야보다는 다양한 관심과 장난기를 발휘할 분야를 찾는 게 좋겠다. 법학이나 역사 같은 분야보다 신문방송학이 어떠니?"

선생님의 제안이 바로 가슴에 와닿았지요.

'맞아, 나의 이 끝없는 다양한 호기심을 어디서 다 채울 수 있을까. 방송처럼 매일 새로운 것을 다루는 일…. 정말 재미있을 것 같아.'

선배 언니는 "법학은 너에게 맞질 않아. 너는 암기과목을 제일 힘들어했잖아. 법은 판례를 외우는 거야. 너한테 안 맞아. 너는 이해하고 맥락을 파악하길 좋아하니 다른 분야를 찾아봐"라고 조언을 해 주었죠.

이렇게 내 진로에 대해 조언을 구하고 준비해서, 법대를 가길 바라시는 부모님과 어느 과든 상관없이 좋은 대학에만 입학시키려는 학교를 설득해서 신문방송학과를 가게 되었죠.

사실 방송이라는 꿈이 시작된 것은 중학교 2학년으로 거슬러 올라갑니다. 마치 한 장의 흑백사진처럼 그날의 모습이 지금도 선명합니다. 그날 TV에 나온 앵커의 솔직하고도 거침없는 진행. 저는 그의 말 한마디에 완전히 매료되었답니다. 번개를 맞은 사람처럼 얼이 빠진 채 TV 앞에서 움직이지도 못 하고 있었습니다. 그날 이후로 '방송'이라는 꿈이 싹트기 시작했죠. 근데 방송을 하며 명사들을 만나 보니 상당수가 이런 경험을 갖고 있더군요. 자신이 꿈을 정한, 한 장의 사진처럼 선명한 순간들을. 여러분에게도 이런 순간이 있었다면 절대로 그냥 지나치지 마세요. 그때 내 안의 목소리는 이렇게 말했답니다. '저런 일을 해 보고 싶다. 저렇게 솔직한 방송 정말 매력적이네. 언젠가 꼭 해 보고 말 테야.'

이 목소리는 너무도 선명하고 강하게 나를 압도했지요. 그러나 이런 마음을 어느 누구에게도 내비친 적은 없었어요. 부끄럽기도 했지만 무엇보다 '그게 되겠어?'라는 부정적인 말을 듣고 싶지 않아서였지요. 그러면 이 꿈을 잃게 될까 하는 두려움에서요. 그런데 이런 내 속마음을 모르는 선생님과 선배 언니가 내게 방송의 길을 가라고 하는 게 아니겠어요. 우연이라고 하기보단 운명이라는 생각이 들었어요. 속으로 쾌재를 불렀습니다. '역시 좋아하고

원하는 일을 해야 해! 한번 해 보자!'

이렇게 방송을 하고 싶다는 꿈을 향해 저는 첫 발걸음을 내딛었습니다. 그러나 꿈을 향한 길은 그리 평탄한 길은 아닌 것 같습니다. 대학 졸업을 하고, 그리도 꿈에 그리던 방송사에 입사를 했지요. 그것도 엄청난 경쟁률을 뚫고 아나운서로 말입니다. 그러니, 당연히 제 앞엔 탄탄대로가 펼쳐져 있다고 생각했죠. 엄청나게 크고 넓어 어느 누구도 막아설 수 없는 그런 큰길 말이지요.

아나운서로 입사한 첫날, 지금도 기억이 생생합니다. 화면에서만 보던 사람들을 사무실 내 바로 옆자리에서 볼 수 있다는 게 믿어지지 않았습니다. '이런 곳에서 일을 하게 되다니….' 들떠 있는 기분으로 한동안 회사를 나왔지요. 그러나 아나운서 교육 기간이 끝나자마자 프로그램을 놓고 보이지 않는 경쟁은 시작되었지요. 누구는 선발되고 누구는 안 되고. 냉혹한 사회로 들어온 것을 뼛속 깊이 느끼기 시작했어요. 아나운서실 생활에 적응을 할 때쯤 지역 근무를 가게 되었고, 지역 근무가 끝나고 나니 어느덧 방송 3년 차가 되었지요. 남들보다 늦은 첫 번째 기회가 저에게 찾아왔지요. 바로 그때 저는 결혼을 결심했어요. 아마 탄탄대로라고 생각한 방송국 생활이 뜻대로 되지 않자 삶의 다른 부분이라도 행복해야 한다고 생각했던 것 같아요. 그렇게 결혼을 하고 아이를 낳게 되니 도리어 방송을 할 수 있는 기회는 점점 멀어지고 있었어요. 그때부터 저는 속으로 방송이 내 길이 아닌가 의심하기 시작했던 듯해요. 다른 곳들을 두리번거리고 있었지요. 그러다 결국 대학원 공부를 시작하기로 했지요. '어쩌면 나한텐 공부가 제일 잘 맞는데 내가 이리로 온 건지도 몰라'라고 하면서요. 지금 돌이켜보면, 잘 풀리지 않는 자신에 대해 자존심이 무척 상해 다른 곳에서 자존심을 회복하고자 한 거였던 것 같아요. 이렇게 낮에는 대학원, 밤에는 근무를 하면서, 잠도 제대로 못 자고 힘들게 견뎠답니다. 그러던 어느 날, 내 안에서 이런 목소리가 들렸죠.

'정말 방송이 하고 싶네. 다른 곳에 와 보니 방송이 내가 정말 하고 싶은 일이라는 걸 알았어. 정말 하고 싶은 일이라면 그 길이 힘들더라도, 내 기대에 어긋나더라도 기다리고, 참고, 견뎌 내야 하지 않을까?'

그날 그 목소리를 듣고 바로 공부를 그만하기로 결정을 했습니다. 한 줄기 미련도 없이 말이지요. 제대로 방송을 한번 해 보지 못하고 공부를 계속하게 된다면 커다란 후회가 남을 것이 분명했기 때문이지요. 그렇게 다시 방송국으로 돌아왔습니다. 그리고 어떤 일이든 정말 성실히, 즐겁게 했습니다. 전과는 완전히 달라져 있었지요. 다른 일과 비교하거나, 다른 길을 곁눈질하지도 않았고요, 방송을 잘하는 데만 몰입했지요. 이렇게 하고 싶을 일을 하는데 한낱 불평이나 불만을 할 시간도 없었어요. 오직 방송을 할 수 있는 제 상황과 제 자신에 대한 감사의 마음이 가득했지요. 그렇게 5년여의 시간이 지나자 방송에서 인정을 받게 되었지요.

우리네 인생은 대가 없이 뭔가를 그냥 주는 법은 없는가 봅니다. 제가 하고 싶은 일이 무엇인지를 안다고 해서 그 일을 그냥 쉽게 주지는 않더군요. 기다리게 하고, 안달 나게 하고, 그래서 스스로 포기하게 합니다. 스티브 잡스도 얘기했지요. 자신의 성공은 계속된 실패 속에서도 포기하지 않았던 거라고. 절대 포기하지 않는 것. 참, 어려운 일입니다. 집념과 의지, 끈기 이런 것들이 필요하지요. 이런 걸 가지기가 어렵다면, 정말 좋아하는 일이라야 한다고 저는 말합니다. 정말 좋아한다는 것은, 정확하게 말하자면, 내 자신을 잊을 만큼 좋아하는 것, 나의 자존심, 시간, 이익 등을 따지지 않을 만큼 좋아하는 것, 나를 뛰어넘어 그 일이나 그 사람과 하나 되고 싶어 하는 것이지요. 사람들은 정말 좋아한다고 말하면서도 자신을 조금도 희생하지 않으려 합니다. 저는 이런 모습을 볼 때면, 그것은 진정한 사랑의 마음이 아니라고 느낍니다. 정말 좋아하는 일은 어떤 고통도, 어떤 어려움도, 어떤 기다림도, 어떤 수모도 다 참고 견딜 수 있어야 하니까요. 그래서 저는 제가 좋아하는 일을 하기 위해 기다리고, 참고, 견뎠습니다. 그리고 제가 정말 방송을 사랑하고 있다는 사실을 다시 한번 확인하게 되었답니다. 모든 걸 다 견뎌 내는 힘, 그것은 사랑밖에는 없답니다!! 이 사실을 잊지 마세요!! 이것만이 세상을 바꿀 수 있답니다.

세상은 변하고 있으니, 너 자신도 변해라!

앞서 말씀드린 것처럼 방송에서 인정받기 시작한 이후 7~8년 동안은 정말 원 없이 방송을 했답니다. 자나 깨나 방송 생각뿐이었지요. 방송이 제 삶의 전부였고요. 더 나은 방송, 남다른 방송을 해 보고 싶다는 작은 소망 하나를 가슴 안에 넣고 열심히 살았습니다. 하늘도 제 맘을 알아주는 듯 모든 게 순조롭고 물 흐르듯 했지요. 노력하면 더 좋은 결과가 오고, 또 더 노력하고, 더 좋은 기회가 오고…. 인생은 참 공평하다고 느끼며 살았습니다. 그러나 이렇듯 인생이 마냥 평탄하기만 할까요. 인생은 원래 굴곡이 있게 마련이고, 강물처럼 그 자리에 늘 그대로 있는 듯 보이지만 어제의 강물이 오늘의 강물이 아니듯 늘 변화하고 있지요. 세상은 계속 변하고 있는데 우리는 과연 어떨까요? 내가 원하는 이 상황 그대로 있고 싶어 하지요. 물론 변화는 두렵고, 힘든 것이니까요. 이렇듯 저에게도 변화는 갑자기 찾아왔습니다. 그것도 타의에 의해서 말이지요. 방송이 승승장구하던 어느 날, 6,7년 동안 진행한 정보 프로그램에서 하차하게 되었다는 소식을 전해 듣게 되었지요. 내려오게 된 이유는 단지 너무 오래 진행했기 때문이라고. 그 소식을 듣던 바로 그 순간이 또렷이 떠오릅니다. 마치 사랑하는 사람에게서 나를 더 이상 보고 싶지 않다는 통보를 받는 것 같은 기분이었죠. 나는 아직도 이 프로그램을 사랑하는데, 그들은 내가 더 이상 필요치 않다고 하는 거 말입니다. 나는 정말 가슴이 아팠고, 무거운 마음으로 집으로 돌아왔습니다. 내 상황을 아무리 객관적으로 보려고 해도 보이질 않았지요. 자꾸 감정이 앞섰고, 어느 누구도 이런 내게 상황을 냉정하게 얘기해 주기가 두려웠을 겁니다. 많이 아파서, 많이 방황을 했지요. 조금이라도 호의의 손짓만 있으면 흔들릴 만한 상황이었지요. 저는 혼자 시간을 많이 보냈습니다. 슬픔에만 빠져 있지 않고 이 상황을 한 발 떨어져 보려고요. 아니면, 가족하고 시간을 많이 보냈습니다. 방송인 정용실에만 매몰되지 않고 인간 정용실을 바라보려고요. 그래도 힘든 것은 사라지질 않았습니다. 내 존재 자체가 갑자기 가치 없게 느껴지기 시작했지요. 나란 사람, 이 정도밖에 안 되다니…. 시간이 흐르자 상황이 하나둘 명료하게 보이기 시작했어요. '그 정도면 정보 프로그램은 오래 했어. 이젠 다른 프로그램을 해 봐야지. 준비를 하자.'

그렇게 상황을 정리한 지 오래지 않아 제가 평생 해 보고 싶던 여성 프로그램을 해 볼 기회가 왔지요. 정보 프로그램에서 그렇게라도 나오지 않았다면, 내가 그렇게도 해 보고 싶던 여성 프로그램을 할 수 있었을까 생각하니, 변화란 나쁜 것만은 아니구나, 변화를 너무 두려워하거나 너무 부정적으로만 볼 것은 아니구나 하는 생각이 들었지요. 그 후로는 프로그램에서 내려오는 것을 두려워하지 않기로 맘먹었습니다. 뭔가 다른 좋은 일이 생기려고 그러는 걸 거야…라고 스스로에게 말합니다.

그리고 이처럼 주어진 변화를 긍정적으로 받아들이기만 하는 '수동적인 자세'에서 벗어나 내 자신을 먼저 바꾸려고 노력하고 있습니다. 내 자신이 변화하려면, '나'라는 단단한 벽이 없어야 합니다. 제 식으로 표현하자면, '나'를 말랑하게 만들어야 하는 것이지요. 이것은 피아니스트가 손가락이 굳지 않도록 매일 연습하는 것이나 체조 선수가 몸을 유연하게 하기 위해 연습을 멈추지 않는 것과 비견될 만한 노력이지요. 변화를 받아들이려면, 이렇듯 늘 준비되어 있어야 하고, 열려 있어야 가능한 거거든요. 여기서 한 가지 짚고 넘어가야 할 것은, 내 자신을 말랑하게, 유연하게 만드는 것은 결코 쉬운 일이 아니라는 거지요. 아스팔트 바닥처럼 단단하게 굳은 우리의 마음과 정신을 깨뜨리는, 카프카의 표현을 빌자면 우리 안에 있는 꽁꽁 언 바다를 깨뜨리는 도끼가 절대적으로 필요하지요. 이것이 바로 '책'이랍니다.

책은 내 자신이 인생 전체를 통해 다 겪어 보지 못할 일들을 느끼고 경험하게 하지요. 책을 읽으며, 내가 사는 세상과 '나'라는 틀을 벗어나 자유롭게 상상하고 경험하게 되지요. 그만큼 우리는 책을 통해 넓어지고 성장하게 됩니다. 그리고 이뿐 아니라, 작가들이 써 놓은 이 세상을 살아가는 데 필요한 직관들, 지혜들을 덤으로 얻게 되지요. 이런 문장 하나, 글귀 하나는 삶을 살아가다가 어려움에 봉착한 순간 슬그머니 꺼내어 보면 바로 문제를 풀어 줄 반짝이는 힌트가 되어 줄 겁니다.

이동학

경기과학고등학교에서 아이들과 국어를 공부하고 있다. 공부하면서, 선생은 가르치는 사람이기보다 배우는 사람이라고 생각하게 되었다. 학교에서만 아니라 이 세상 어느 곳에서든 배울 수 있다고 생각하게 되었다. '지습서'와 '수험서'에서 벗어나 책과 사람을 통해 배우는 것이 더 힘 있다고 생각하게 되었다. 배움에는 끝이 없다고 생각하게 되었다.

10

학교 공부와는 다른 공부

안녕하세요, 여러분. 여러분을 만나게 되어 진심으로 반가워요. 이름도 모르고 어디에 사는지도 모르고 어떻게 생겼는지 아무것도 모르지만 이 넓은 우주에서 여러분을 만나게 되어 진심으로 반가워요. 공부를 잘하든 그렇지 않든, 잘생겼든 그렇지 않든 여러분은 이 세계에서 다른 무엇과도 바꿀 수 없는 하나뿐인 존재, 소중한 존재이기 때문이에요. 그리고 제 이야기를 들어 주어 저를 가치 있게 만들어 주기도 했고요.

공부를 하는 이유

저는 고등학교에서 꽤 오랫동안 국어를 가르치고 있고요, 만날 공부해라, 공부해라 하다 보니 공부란 무엇인지, 어떻게 해야 공부를 잘할 수 있는지에 대해 고민을 많이 하게 되었어요. 지금부터 제가 생각하는 공부에 대해 이야기를 해 볼게요. 한번 들어 보세요.

여러분은 진짜 공부를 많이 하죠. 아침에 등교해서 수업을 듣고 수업이 끝나면 자율학습을 하거나 학원에 가서 또 공부하죠. 정말 먹고 자고 하는 시간을 빼면 거의 모든 시간을 공부를 하는 데 쓰고 있어요. 그런데 여러분은 왜 공부를 하나요? 여러분의 삶에서 제일 많은 시간을 차지하고 제일 중요하게 생각하는 공부를 왜 하나요? 그냥 당연히 해야 하니까 한다고요? 그럴 수도 있겠네요. 주변에서 하도 공부하라고 하니까 어느새 어떤 질문도 던지지 못하고 공부만 하고 있는 것은 아닐까요?

여러분은 이런 생각을 할지도 모르겠어요. 학생이니까 당연히 공부하는 거고, 좋은 대학을 가야 하니까 공부해야 하는 거라고요. 좋아요. 그렇다면 좋은 대학은 왜 가야 하는 건가요? 좋은 직장을 얻으려면 좋은 대학을 가야 한다고요? 요즘은 대학을 나와서도 직장을 구하지 못하는 경우가 많고 좋지 않은 대학을 나오면 안정적인 직장을 구하기 어려우니 좋은 대학을 나와야 한다고요? 좋아요. 한 번 더 물어보죠. 안정적인 직장은 어떤 직장인가요? 왜 안정적인 직장이 있어야 하나요? 아마 머릿속에 떠오르는 안정적인 직장은 일정 수준 이상의 급여와 큰 잘못을 하지 않으면 잘리지 않는 직장을 의미하는 것 같아요. 그리고 잘살기 위해서는 안정적인 직장이 있어야 한다고 생각하는 것 같아요.

여러분의 생각을 거칠게나마 정리해 본다면, 잘살기 위해서는 안정적인 직장이 필요하고 안정적인 직장을 얻으려면 좋은 대학을 나와야 하고 좋은 대학에 들어가려면 공부를 많이, 잘해야 한다는 것으로 정리할 수 있겠네요. 그렇다면 이렇게 한 번 비틀어 볼까요? 공부를 잘 못하고 좋은 대학을 나오지 못하고 안정적인 직장을 얻지 못한 사람은 잘살 수 없다. 그런 사람은 행복하기 어렵다. 어떤가요? 그런가요? 맞는 것 같지만 선뜻 동의하기도 어렵다고요?

이런 생각이 무조건 틀렸다고 생각하지는 않아요. 현실적인 생각이죠. 하지만 여러분도 선뜻 동의하기가 꺼려지는 것은 우리의 삶이 단순히 경제적인 것만으로 결정되어서는 안 된다고 생각하기 때문일 거예요. '잘사는' 것은 '잘 사는' 것과 달라요. 국어사전을 보면 '잘살다'는 '부유하게 살다'를 의미해요. 그리고 '잘'은 '옳고 바르게', '좋고 훌륭하게'를 '살다'는 '생활을 영위하다'를 의미해요. 맞아요. 우리는 경제적으로 풍요로운 삶을 위해서만 공부하는 것이 아니에요. 나의 삶을 좀 더 가치 있게 만들기 위해서, 나아가 이 세상을 보다 아름답게 만들기 위해서 공부해요. 너무 이상적인 이야기라고요? 아니요. 공부에 대해 질문하고 학교가 독점한 공부의 진짜 의미를 찾으면 현실이 될 수 있어요. 공부는 학교에 다닐 때만 하는 거고 대학에 가기 위해 하는 거란 생각을 넘어서면 된다고 생각해요. 그렇게 되면 모든 것이 공부고 언제 어디서나 공부를 할 수 있고 그 힘으로 나와 세상이 바뀔 수 있다고 생각해요.

학교, 공부의 독점

이런 이야기를 많이 들어 봤을 거예요. 공부에는 다 때가 있다는 이야기요. 나이가 들어서는 공부하고 싶어도 공부할 수 없게 되니 학교 다닐 때 공부를 열심히 해야 한다는 이야기요. 왜 사람들은 공부를 학교에 다닐 때만 하는 거라고 생각하는 걸까요? 이반 일리치라는 사람이 이런 현상에 대해 이야기를 했는데요, 그분의 생각을 빌면, 학교가 공부를 독점했기 때문이라고 할 수 있어요.

의술과 관련지어 이야기를 하면 좀 더 이해하기가 편하겠네요. 지금은 별로 그런 집이 없지만 얼마 전까지만 해도 집안에 체한 사람이 있으면 손을 땄죠. 직접적인 경험이 없더라도 손 따는 것이 어떤 것인지는 알죠? 네. 여기서 질문 하나. 손 따는 것은 의술일까요 아닐까요? 많은 사람이 집에서 손을 따는 것을 의술이라고 생각하지 않아요. 왜 그렇게 생각을 할까요? 손을 따 주는 엄마나 할머니가 전문적으로 의술 공부를 한 것도 아니고 의사 자격증을 지닌 것도 아니라는 생각에서일 거예요. 병원도 아닌 집이고 주사나 메스도 아닌 실과 바늘이라니 의술이라는 느낌이 전혀 들지 않아서일 거예요. 의술, 의료 행위라면 오랜 기간 전문적으로 공부하고 의사라는 자격증을 딴 사람이 병원에서 진단하고 처방하고 시술하는 것이어야 한다고 생각하는 거죠.

하지만 관점을 조금 달리해 볼까요? 의술이라는 것은 기본적으로 어떤 의미일까요? 몸에 이상이 생긴 사람을 좀 더 나은 상태로 만들기 위해 하는 행동이 아닐까요? 의사라는 제도가 생기기 전에는 세상을 오래 살고 경험이 많은 분들이 아픈 사람을 돌보고 치료했죠. 왜, 할머니 손은 약손이라는 말도 있잖아요. 누나 손은 약손, 동생 손은 약손이라는 말은 좀처럼 들어 보지 못했는데 말이죠. 이반 일리치는 이런 현상이 근대 사회에 들어서면서 생겼다고 해요. 근대 사회에 들어서고 각종 제도가 정비되면서 치료 행위를 하기 위해서는 특별한 자격을 요구하게 되었고 그 특별한 자격을 갖춘 사람들을 전문가, 의사로 부르기 시작했다는 거예요. 결국 아픈 사람들을 돌보고 치료하는 행위는 아무나 하는 것이 아니라 의사만 하는 것이라는 생각은 원래부터 있었던 생각이 아니라 사회적으로 만들어진 생각이라는 거예요. 의사가 아닌 다른 사람이 아픈 사람을 돌보는 것은 결코 치료가 아니라는 거죠. 이런 현상을 전문가들에 의한 독점이라고 할 수 있죠.

맞아요. 공부에도 독점이 일어났어요. 공식적으로 인정된 학교에서만 공부를 할 수 있고 공식적으로 인정받은 교사만 가르칠 수 있다는 현상이요. 그래서 공부의 의미가 많이 축소되었죠. 공부는 다 때가 있는 것이고 시험에 나오는 것만 공부라는 식으로 말이죠.

인생의 행복이 공부, 시험 성적순으로 결정될까요? 만약 그렇다면 대부분의 사람들이 행복하기 어려울 텐데 어쩌죠? 학교 공부의 결과를 상위권, 중위권, 하위권으로 나누고, 흔히 말하는 좋은 대학이 얼마 되지 않는다는 사실을 생각한다면 말이죠. 당장 공부를 잘하지 못하는 사람은 행복할 수 없다는 걸까요? 사실 인생의 행복에서 아주 중요한 부분을 차지하는 것 중 하나가 어떤 배우자를 만나느냐는 것인데, 학교에서 이런 것을 공부하지는 않죠. 오히려 연애 좀 할라 치면 공부에 방해된다고 말리기 일쑤죠. 인생의 행복은 성적순도 아니고 학교에서 가르치지 않는 중요한 것도 있어요.

여러분은 어떤 때 가장 열심히 공부를 하나요? 아마도 시험을 앞두고서겠죠. 중간고사, 기말고사, 그리고 수능시험. 시험을 잘 보기 위해 공부를 한다고 해도 과언이 아닐 거예요. 그래서 시험에 나올 만한 것들만 골라서 열심히 공부를 하죠. 시험에 안 나오는 것은 그다지 중요하게 생각하지 않고요. 그래서인지 시험이 끝나고 나면 그렇게도 열심히 공부했던 것을 잊기도 하지요. 수능이 끝나고 나면 아무도 공부를 하지 않기도 하고요. 이것도 학교에 의한 공부의 독점 때문에 생기는 현상이죠.

공부가 그 자체로 가치가 있다기보다는 좋은 대학에 가기 위한 수단이나 좋은 직장을 얻기 위한 수단이 되었어요. 현실적으로 단기적으로 이득이 되지 않으면 아무도 공부를 하지 않으려고 해요. 그래서 시험에 안 나오는 것은 공부할 필요가 없고 시험이 끝나면 아무도 더 이상 공부하지 않으려고 하죠. 고등학교 때 공부하는 것이 가장 치열하고 대학에 가면 그렇게까지 치열하게 공부하지 않죠. 사실 대학은 공부를 하러 가는 곳인데도 말이죠.

학교의 교훈이나 교육과정의 목표를 보면 정말 훌륭한 사람을 기르는 것이 교육의 목표로 보여요. 그런데 겉으로만 그렇지 실제 속마음들을 들여다보면 좋은 상급학교에 보내고 싶어 하는 것 같아요. 좋은 대학에 많이 가는 좋은 고등학교가 되고 싶어 하고, 그 좋은 고등학교에 많이 가는 좋은 중학교가 되고 싶어 해요. 이제는 그것도 모자라 좋은 중학교에 많이 가는 좋은 초등학교가 되기에까지 이르렀어요. 그래서 어떤가요? 다른 고민이나 생각을 하면 쓸데없는 짓 하지 말고 공부만 하라고 하죠. 교과서 말고 다른 책을 읽어도 그래요. 책을 읽어도 학교 공부에 도움이 되는 책만 읽어야 해요. 독후감 대회나 논술대회에서 상을 받는 데 도움이 되는 책들만 읽어야 해요. 인생의 의미나 존재에 대해 깊은 고민과 번뇌를 하면 빨리 방황을 끝내라고 하네요. 청소년기, 사춘기의 방황은 없으면 좋은 것이고 있다손 치더라도 짧으면 짧을수록 좋다는 거네요. 이거 문제 아닐까요? 우리는 그 방황의 시기를 거쳐 나와 세상에 대해 좀 더 이해하게 되고 그 힘으로 어른이 되는 것인데도요. 바야흐로 학교 공부가 다른 모든 공부를 제치고 공부를 독점하는 시대가 된 거예요. 학교 공부에 도움이 안 되는 공부는 뻘짓이 되었고, 공부는 그 자체로 가치 있는 것이 아니라 다른 것을 위한 수단이 되고 말았어요.

다시 한 번 물어봐요. 공부는 왜 하는지. 좋은 성적을 거두고 좋은 대학에 가고 좋은 직장을 얻고 좋은 배우자를 얻고 자식을 낳아 잘 교육시키고 편안한 노후를 보내는 것. 여기에 어떤 가치가 있을까요. 단순히 잘 먹고 잘사는 것에만 우리의 목표가 있다면 허무하지 않을까요? 돈을 벌어서 사고 싶은 것 사고 먹고 싶은 것 먹고 입고 싶은 것 입고 살고 싶은 집에서 사는 것이 나쁜 것은 아니겠죠. 하지만 이것만이 우리 삶의 목표일까요? 우리 삶의 가치는 어디에 있는 걸까요? 가치란 어떤 걸까요? 존재, 그 자체를 대하는 것, 빛나게 하는 것 아닐까요.

가치 있는 존재

사람들은 이야기 듣는 것을 참 좋아하지요. 어렸을 때 옛날이야기 듣는 것을 좋아하고 커서도 주위 사람들과 이런 이야기, 저런 이야기를 나누죠. 그 이야기를 통해 세상의 지혜를 배우기도 하고요. 우리가 좋아하는 재미있는 영화나 소설도, 사실 따지고 보면 이야기를 다른 형식으로 전해 주는 거죠. 이 이야기는 아내에게서 들은 이야기인데 한 번 들어 봐요. 실제 있었던 이야기랍니다.

아내가 대학생 때 일이에요. 아내는 사촌동생이랑 매우 가깝게 지냈는데 방학이면 같이 알바를 했대요. 그때는 피자집에서 알바를 했던 때인데요, 어느 날 아침, 사고가 생겼어요. 사촌동생이 혼자 아침에 가게를 열 준비를 하고 있는데 어떤 멀쩡하게 생긴 사람이 가게에 들어와서는 돈을 달라고 하더래요. 아, 너무 놀라지는 말아요. 흉악한 이야기는 아니니까요. 그 사람 말로는, 자기는 가게에 물건을 납품하는 사람인데 사장님께 물건값을 받기로 했다고 하면서, 얼마더라, 50만 원인가를 달라고 했대요. 사촌동생이 그렇게 많은 돈은 없다고 했더니, 지금 급하니까 있는 돈만 받고 나머지는 나중에 받아가겠다고 했대요. 사촌동생은 큰 의심 없이 계산대에 있는 돈을 챙겨 주었는데 그 돈이 자그마치 30만 원이 넘었나 봐요. 그래요. 뭔가 이상하죠? 맞아요. 멀쩡하게 생긴 그 사람은 사기꾼이었어요. 1시간 정도가 지나고 사장님이 가게에 나왔고 사촌동생이 아침에 있었던 이야기를 했죠.

사장님은 어떤 반응을 보였을까요? 제일 쉽게 생각할 수 있는 것은 알바생에게 손해 본 것을 물어내라고 하는 반응이죠. 사장님은 장사하는 사람이라는 점을 염두에 두고 생각해 볼까요? 장사하는 사람이니까 논리적으로, 계산적으로 손실을 따지고 책임관계를 따져 봐야겠죠. 장사는 왜 하나요? 돈을 벌려고 하는 게 장사죠. 그런데 아침부터 손해를 봤어요. 자신이 아니라 알바 하는 학생이 잘못해서 손해를 봤어요. 일단 책임이 알바생에게 있네요. 그러니 알바생에게 손해 본 돈을 물어내라고 할 수 있겠네요. 알바생이 당장 돈은 없을 테고 앞으로 월급에서 조금씩 떼겠다고 이야기하죠. 좋은 사장님은 아닐지 모르지만 그렇다고 나쁜 사장님도 아닌 것 같네요. 합리적인 사장님이죠. 우리 주변에서 보는 대부분의 사장님이라면 이렇게 합리적으로 행동할 것 같은데 여러분 생각은 어떤가요?

다음으로 이런 사장님이 있을 수도 있죠. '알바생이 돈이 얼마나 있겠냐. 그 돈 물어내라고 하지 않을 테니 대신 앞으로 더 열심히 일해라' 하는 사장님이요. 참, 통 크고 멋있는 사장님이네요. 여러분이 알바를 하는데 이런 사장님을 만나면 더 열심히 일할 수 있겠죠? 하지만 저는 이 사장님도, 합리적인 사장님의 범위를 크게 벗어나지는 않는다고 생각해요. 돈을 물어내라고 하는 사장님과 단기적이냐 장기적이냐만 다를 뿐이지 결국 이익을 따라 움직이기 때문이에요. 알바생에 돈을 받아 내기란 현실적으로 쉽지 않으니 차라리 알바생이 더 열심히 일을 하도록 하는 게 좋겠다는 생각은 단기적으로는 손해를 보지만 장기적으로는 더 큰 이익을 가져온다는 생각에서 말한 것이지요.

아내와 사촌동생이 일하던 가게의 사장님은 어느 쪽이었느냐고요? '다행이다. 만약 그 사람이 칼이라도 들었으면 큰일 날 뻔했다. 돈 안 주려다가 다칠 수도 있다. 다치지 않아서 정말 다행이다. 돈보다는 네가 더 중요하다.' 이렇게 이야기했다네요. 그리고 아내와 사촌동생은 사장님의 태도에서 진심을 느꼈고요. 손해 본 돈은 어떻게 되었냐고요? 이런 분이 알바생에게 돈을 물어내라고 하지는 않았겠죠. 두 번째 사장님과 다른 점이 느껴지나요? 맞아요. 이 분은 이익에 앞서 한 사람을 진심으로 걱정해 주는 분으로 느껴져요. 이해득실을 따지고 나서 움직이는 분이 아니라고 느껴져요. 아내는 이 사장님 이야기를 지금도 가끔씩 해요. 그래서 제가 이 이야기를 여러분들에게 들려줄 수 있는 거고요.

사장님은 돈보다는 알바생의 안위를 중요하게 생각했어요. 그래서 알바생을 돈보다 가치 있는 존재로 만들었죠. 그렇게 행동함으로써 스스로도 가치 있는 존재로 만들었어요. 그리고 작디작은 가게지만 그 가게를 가치 있는 곳으로 만들었고요. 저는 이런 것이, 존재 하나하나를 소중하게 대하는 태도가 가치를 만들어 낸다고 생각해요. 공부를 잘하든 못하든 이익이 되든 되지 않든 한 존재를 그 자체로 소중하게 대하는 태도요. 피자 가게 사장님의 뒷이야기는 잘 모르겠어요. 그 가게가 날로 번창했는지 아니면 망했는지는 모르겠어요. 하지만 저는 확신해요. 어떤 곳에서든 어떤 일을 하든 그 사장님은 자신과 다른 사람을, 그리고 이 세계를 좀 더 가치 있는 존재로 계속해서 만들어 가고 있을 거라고요.

공부, 그 자체로도 가치 있는

공부도 그 자체로 가치 있는 행위가 되면 좋겠어요, 다른 것의 수단으로서만 존재하는 것이 아니라요. 공부 자체를 즐기고 경계를 넘나들면서 자유롭게 생각하고 이야기를 나누는 공부가 되었으면 좋겠어요. 그러다 보니 공부가 좋고 열심히 하다 보니 재미도 있고 더 공부를 하고 싶어 대학을 가는 것이라고요. 그렇게 공부한 것과 관련된 직업을 갖고 그 공부의 기간에 대해 인정을 받아 급여도 받는 것이죠. 안정된 경제생활을 위해 좋은 대학을 가야 하고 그러기 위해서 누구나 무조건 공부를 해야 하는 것은 뭔가 순서가 잘못되었어요. (대학을 가지 않아도 학력과 학벌에 상관없이 기본적인 생활이 가능해야 하고 공부의 기간만큼 직업 경력도 인정받아야 하는데 그건 이 자리에서 한꺼번에 이야기하기는 어렵네요. 꼭 생각해야 할 문제라는 것은 기억해 주세요).

아직도 피자 가게 사장님이 바보 같다고 생각하는 사람이 있나요? 손해는 어떻게 하냐고요. 그건 여러분이 이미 우리 사회의 삶의 방식, 다시 말해 이윤추구에 물들어 있기 때문은 아닐까요? 그런 생각은, 공부는 미래의 보상을 위한 투자라는 생각과 비슷한 생각이에요. 공부 그 자체를 가치 있게 생각하는 것이 아니라고 생각해요.

학교 공부의 특성 중 하나는 단정 짓기, 하나의 답을 요구하는 것이에요. 우리 사회의 평가체계와 보상체계가 이미 그런 식으로 작동하고 있죠. 하지만 다른 공부도 있어요. 잊지 마세요. 학교 공부가 모든 공부를 의미하지는 않아요. 학교 공부가 모든 공부의 의미를 독점해서는 안 되는 거죠. 그래서 질문하는 공부가 필요해요. 나는 이해관계에 너무 민감한 것은 아닐까, 나는 다른 사람의 시선을 너무 의식하는 것은 아닐까, 나는 왜 좋은 대학에 가고 싶고 잘살고 싶은 걸까? 이런 질문을 던질 수 있는 것만으로도 훌륭한 공부의 시작이 돼요.

그리고 이렇게 질문을 던지고 답을 찾으려고 애쓰는 모든 것이 인문학이에요. 단순히 누가 언제 어떤 책을 썼고 그 내용이 무엇인지를 아는 지식이 아니에요. 인문학이란 질문을 품고 답을 찾으려는 것이에요. 읽고 생각하고 그 생각을 표현하고 나누려는 태도지요. 그래서 삶의 태도를 변화시키는 것이지요.

하나 더, 인문학으로 뭘 하려고 하지 말아요. 요즘 사회가 인문학을 갖춘 사람을 요구하니 그런 사람이 되어야겠다, 그래야 성공할 수 있다, 대학을 더 잘 갈 수 있다, 그런 생각 말고 그냥 우리 사람이 살아야 하는 방식이라고 생각했으면 좋겠어요. 내가 가치 있는 존재가 되고 나의 삶이 의미 있게 되고 우리 세계가 좀 더 멋진 세상이 되는 것을 꿈꾸었으면 좋겠어요. 어찌 말하면 인문학이 아니라 인문정신이라고도 할 수 있겠네요.

그 가치와 의미는 어떤 것일까요? 어떻게 하면 가치 있고 의미 있는 삶을 살 수 있을까요? 돈을 포함해 다른 상품과 교환하는, 상품의 가치와는 다르다는 것은 알겠죠? 그건 여러분 하나하나가 정하는 거예요. 선생님이 정해 주지도 않고 교과서가 정해 주지도 않아요. 훌륭한 스승님도 가르쳐 줄 수는 없는 거예요. 그래서 학교 공부에 사로잡히지 말고 경계를 넘는 다른 공부가 필요해요. 세상에 많은 책들 중에서 이 책을 선택하고 읽고 있는 여러분은 이미 인문정신을 실천하고 있는지도 모르겠네요.

배움은 누가 알고 있는 것을 그대로 받아들이는 것이 아니에요. 배우려는 사람이 가르치려는 사람을 계기로 새로운 의미와 가치를 창조하는 거예요. 학생들과 수업을 할 때, 제 머릿속에는 분명 전하고 싶은 무언가가 있어요. 그걸 그냥 'A'라고 하죠. 저는 열심히 'A'를 가르치려 하지만 학생들은 그대로 'A'를 배우지 않아요. 'A′'를 배우게 되죠. 어떤 때는 'A'가 아니라 'B'를 배우기도 하고 심지어는 'not A'를 배우기도 해요. 어떤 친구는 아무 생각을 안 하기도 하고요. 배움의 중심은 선생에게 있는 것이 아니라 학생에게, 가르치려는 사람이 아니라 배우려는 사람에게 있다고 생각해요.

좋은 선생은 없고 좋은 학생이 있다고 얘기할 수 있겠네요. 아니 좋은 선생은 좋은 학생이 만들어 내는 거죠. 그러니 굳이 좋은 선생을 만나지 않아도 돼요. 좋은 학교에 다니지 않아도 돼요. 배움의 중심이 내게 있다면 어느 학교를 다니든, 아니 학교를 다니든 다니지 않든 배울 수 있어요. 지금 여러분도 학교에서, 교사에게서 배우고 있지 않은데도 뭔가를 배우고 있잖아요. 학교 공부도 나에 따라 달라질 수 있겠죠?! 학교 공부를 넘어 다른 공부를 찾았는데 학교 공부마저 배움의 자리로 끌어들였으니 말이에요.

이 글을 읽는 동안 어떤 사람은 학교 선생님이 학교가 공부를 독점했다고 비판하고 학교를 넘어서라고 이야기하는 것이 이상하다고 생각했을지도 모르겠어요. 맞아요. 저도 학교 공부와는 다른 공부를 이야기하면서 마음 한편이 불편하기도 했어요. 학교 선생이라는 제 삶을 부정하는 것 같아서 그랬어요. 그런데 말이죠, 공부는 학생만 하는 걸까요? 아니죠, 누구나 배워요. 나이랑 직업이랑은 전혀 상관없는 일이에요. 교사인 저도 끝없이 배우고 있어요. 제 삶을 부정할 수 없기에, 제 삶을 제 자신을 가치 있고 의미 있게 하기 위해서 질문하고 생각하고 읽고 쓰고 있어요. 그 결과가 이 글에 담긴 생각이고요. 어때요, 여러분도 자신을 가치 있게 만들고 싶은 생각이 팍팍 들지 않나요? 학교에 의한 공부의 독점을 넘어서 진짜 공부를 하고 싶다는 생각이 들지 않나요? 저뿐만 아니라 이 책의 많은 분들이 자신들이 배운 것을 이야기할 거예요. 잘 듣고 생각하고 질문해 보세요. 그게 첫걸음이에요.

강응천

출판기획자이자 역사저술가. 1996년 『문명 속으로 뛰어든 그리스 신들』(사계절출판사)을 통해 출판계에 데뷔했다. 1999년 『세계사신문』(3권, 사계절출판사), 2004년 『한국생활사박물관』(12권, 사계절출판사)를 기획 출간하여 "1990년대 후반 이후 강응천이란 이름 석 자는 출판계와 독서계에서 대형 역사기획물의 상징이나 마찬가지"라는 평을 받고 그해 백상출판문화상 편집부문을 수상했다. 2007년 출판기획 문사철을 설립해 대표로 활동하고 있으며, 2009년 볼로냐 국제아동청소년도서전에서는 한국 주빈국 행사의 문화예술 분야를 주관했다.

2006년 『청소년을 위한 라이벌 세계사』(그린비), 2008년 『세계사일주』(한겨레출판), 『지하철 사호선』(효형출판), 2010년 『청소년을 위한 라이벌 한국사』(그린비), 2013년 『세계사와 함께 보는 타임라인 한국사』(다산) 등 한국사와 세계사를 교직(交織)하는 역사책을 꾸준히 기획 집필하고 있다.

11

역사책 무엇을 어떻게 읽을 것인가

막연한 독서처럼 무의미한 행위는 없다. 제아무리 위대한 석학의 저서를 읽는다 해도 그것을 읽어야 하는 이유가 분명하지 않다면 거기에서 의미 있는 교훈이나 사고의 재료를 얻는다는 것은 거의 불가능하다. 이런 이유로 '무슨' 책을 읽어야 좋을지 누군가에게 조언을 얻으려 한다면, 우선 자기 자신이 '어떤' 책을 읽고 싶은지 분명하게 정해 놓은 뒤라야 의미 있는 도움을 받을 수 있다. 조언을 해 주는 사람이 저명한 독서가라고 해서, 어떤 분야의 최고 전문가라고 해서, 그가 읽으라는 책이 무조건 마음의 양식이 될 수는 없는 법이다.

이 세상에는 70억 명이 넘는 사람이 산다. 그 사람들 하나하나가 다 취향이 다르고 성격이 다르고 삶의 지향점도 다르다. 어떤 사람에게 좋은 책이 내게는 백해무익할 수도 있고, 어떤 사람에게 감동적인 책이 내게는 싫증만 날 수도 있다. 주변의 수많은 사람이 다 좋다고 하는 책을 몇 페이지 넘기지 못하고 덮었다 해서 자책할 필요는 전혀 없다. 그 책이 내게 맞지 않았을 뿐이고, 그런 책을 억지로 읽는 것은 시간 낭비가 될 가능성이 높기 때문이다. '죽기 전에 반드시 읽어야 할 책 ○○○선' 하는 식의 목록들이 여기 저기 떠돌아다니는데 이는 완전한 사기이다. 이 세상에 인류 전체든, 특정 국가든, 특정 연령이든 그 집단에 속하는 모든 사람이 반드시 읽어야만 하는 책은, 살아가기 위해 어쩔 수 없이 읽어야 하는 규정집이나 교과서 따위를 제외하면 단 한 권도 없다.

역사책도 마찬가지다. 흔히 역사란 내가 모르는 옛날에 관한 지식이기 때문에 내 취향을 따져 가면서 고를 수 있는 게 아니라 싫든 좋든 읽어야 할 책이 있는 것으로 생각하기 쉽다. 시험을 앞두고 억지로 역사 공부를 해야 하는 사람에게는 그 말이 맞다. 하지만 현실에서 낙오되지 않기 위한 생존형 독서가 아닌 자아의 발견과 완성을 위한 인문적 독서로써 역사책을 읽을 때에는 개인의 취향과 개성을 고려하지 않은 그 무슨 권위 있는 권장도서가 있을 수 없다. 사마천의 『사기』든, 김부식의 『삼국사기』든, 이기백의 『한국사신론』이든 단 한 줄도 안 읽는다고 해서 그 자체로 당신의 인문적 소양에 무슨 흠이 생기는 것은 아니다. 평생 읽은 역사책이라고는 『삼국지(연의)』뿐이라고 하는 사람도 그 책을 몇 번씩 곱씹어 읽고 역사가 인간에게 과연 무엇인지 심각하게 고민해 봤다면, 의무감을 가지고 앞서 말한 것과 같은 '명저'들을 앵

무새처럼 읽어 댄 사람보다 훨씬 더 인문적인 역사의식의 주인이 될 수 있다. 『삼국지(연의)』가 역사책이 아니라 문학책이라고 해서 이런 진실이 달라지지는 않는다.

역사 지식을 자랑하는 사람들은 소설인 『삼국지연의』가 정본 역사책인 『삼국지』에 담겨 있는 역사적 사실을 얼마나 왜곡했는지 입에 침이 마르도록 늘어놓곤 한다. 역사의 실제 승자는 조조와 그의 아들인 조비였고 중국 정사에서도 그들의 위(魏)를 정통으로 보고 있는데, 『삼국지연의』는 극적인 재미를 위해 패배자인 유비와 제갈량을 중심에 놓고 이야기를 풀어 간다고 한다. 『삼국지연의』에 그토록 장대하게 묘사되어 있는 적벽대전은 실제로는 일어나지도 않았고 소설에서처럼 많은 군대가 동원된 것도 아니라고 한다. 그러나 중국뿐 아니라 동아시아 전역에서 천여 년 동안 사랑받아 온 『삼국지연의』의 내용을 대중이 역사적 진실로 받아들인다고 하면 그것이 문제일까? 천여 년에 걸쳐 대중은 의리와 정의의 화신으로 유비 삼형제와 조자룡, 제갈량 등의 캐릭터를 창조하고 그들에게 역사적 승자의 자리를 바쳤다. 이것은 실증적 진실이 어떠했는가 하는 문제와는 별개로 역사의 올바른 방향에 대해 집단지성의 심판이 내려진 것을 의미한다. 그러한 대중의 의식이 중국 정사라는 25사의 편자들보다 더 역사적이지 못하다고 누가 감히 말할 수 있단 말인가?

이런 견지에서 나는 어느 누구에게든 '무슨' 역사책을 읽으라고 권할 생각이 전혀 없다. 만약 나와 개별적인 소통이 가능한 독자가 있다면, 그가 '어떤' 역사책을 읽고 싶다고 자신의 취향을 분명히 밝혔을 때 내가 가진 작은 지식의 틀 내에서나마 그런 역사책으로는 이러저러한 것이 있다며 각각의 특징을 이야기해 줄 수는 있을 것이다. 따라서 여기서는 순전히 내 개인의 관심에서 흥미롭게 읽고 도움을 받았던 역사책 몇 가지를 소개할 수밖에 없다.

앞서 예로 든 『삼국지연의』는 내가 가장 즐겨 읽은 (유사) 역사책이다. 그것이 정통 역사책이 아니라고 해서 사마천의 『사기』나 헤로도토스의 『역사』 따위보다 더 질 낮은 역사의식을 담고 있다거나 올바른 역사인식을 저해한다고 한다면, 나는 앞에 말한 이유를 근거로 이를 단호히 반박할 것이다. 대체로 유럽에서 가장 많이 읽히는 고전은 『성서』를 빼면 『그리스 신화』일 텐데 동아시아에서 가장 많이 읽힌 고전이 바로 『삼국지연의』이다. 유럽 최고의 고전이 신화, 즉 판타지인 데 비해 동아시아 최고의 고전이 역사적 사실을 바탕으로 한 소설이라는 것은 의미심장한 일이다. 『삼국지연의』는 동아시아 민중에 의해 역사적으로 채택된 역사의 '진실'이 담겨 있는 고전으로, 충분히 가치 있는 '역사책'이다.

사마천의 『사기』도 읽어 볼 만한 역사책인데, 그중에서도 단연 『열전』이 최고다. 오늘날 굳이 중국 고대사를 공부하기 위해 『사기열전』을 읽는 사람은 그 시대의 전공자밖에는 없을 것이다. 현대적 관점에서 중국 역사를 잘 풀어 놓은 책은 많기 때문이다. 나는 단지 재미있어서 『사기열전』을 읽었다. 『사기열전』을 재미있게 하는 가장 큰 요인은 두 말 할 것도 없이 저자 사마천의 박진감 넘치는 문장이다. 그런 점에서 보자면 번역이 얼마나 원문의 맛을 잘 살리느냐가 『사기열전』을 제대로 읽는 관건이 된다. 나는 이를 위해서 특별히 재미있을 것 같은 부분은 잘 알지도 못하는 한문 원문과 대조해 읽기도 했다. 이른바 '뉘앙스'를 느끼기 위해서였다. 항상 그럴 필요는 없고 그럴 수도 없지만, 『사기열전』처럼 멀리 떨어진 시대에 지금은 죽어 버린 언어로 쓰인 고전을 읽을 때는 저자의 숨결을 조금이라도 더 느끼기 위해 가끔씩이라도 어려운 원문과 씨름하는 것도 책 읽는 맛을 높이는 방법이다.

고전을 번역하고 해설하는 사람들은 대개 그 고전과 저자의 명성에 압도되어 내용을 따라가기 급급하고 대상을 찬양하기 급급한 일이 많다. 그러다 보니 현대인의 상식으로는 잘 납득이 가지 않는 저자의 견해조차 그럴 듯하게 포장해 독자에게 우러러볼 것을 강요하기도 한다. 고전이라는 것은 시대를 초월해 인류에게 교훈과 감동을 주는 책임에 틀림이 없다. 그러나 시대가 흐르고 인지가 쌓이면서 제아무리 위대한 현자라 하더라도 현대인이 보기에는 우스꽝스러운 생각을 갖고 있었던 사례가 없을 수 없다. 따라서 타율이 아니라 자신의 의지로 책을 읽는 독자의 의무는 '비판적인 시각'에서 책을 읽는 것이다. 쉽게 이해도 안 되고 수긍도 안 되는 내용을 접하면서도 저자의 명성에 압도되어, 또는 번역자나 해설자에게 그릇되게 유도되어, 그냥 고개를 끄덕거리고 넘어 가면 그 독서는 실패하기 십상이다.

신채호의 『조선상고사』를 그가 집중적으로 비판하는 김부식의 『삼국사기』와 비교하며 읽는 재미도 쏠쏠하다. 『조선상고사』도 부피가 만만치 않지만 『삼국사기』는 양도 많은 데다 지루한 연대기가 이어지기 때문에 나는 한꺼번에 독파하는 방식의 독서를 하지는 않았다. 오히려 필요한 부분만 찾아 가면서 봤다는 게 맞는 말이다. 게다가 요즘에는 인터넷으로도 얼마든지 검색해 필요한 부분을 발췌할 수 있기 때문에 우리나라 현전 최고(最古)의 역사책을 얼마든지 취향대로 즐길 수 있게 되었다.

특히 『조선상고사』에는 오늘날의 공식적인 역사 교과서에 실려 있는 고대사의 내용과는 전혀 다른 부분이 많아서 흥미가 배가된다. 신채호가 조선 시대까지의 사대주의 역사관을 청산하고 일제의 식민사관과 맞서 싸우기 위해 심혈을 기울여 저술한 책이기 때문에 우리나라 역사관의 변천사를 정리하는 데도 많은 도움을 준다. 전통 시대의 역사관은 유학자인 김부식이 『삼국사기』를 쓴 이래 중화주의에 입각한 사대주의 역사관의 지배를 받아왔다. 그것이 신채호의 말대로 노예사관이고 조선을 망국으로 몰아간 원인일지는 모르지만, 천 년 가까운 세월 동안 고려와 조선의 엘리트들에 의해 전폭적으로 신봉되어 온 역사관인 것만은 분명하다. 이를 극복하기 위해 신채호, 박은식 등이 내세운 민족주의 역사관은 기본적으로 오늘날까지 한국인의 역사의식을 지배하고 있다. 그런 점에서 『조선상고사』는 우리 민족 역사관의 거대한 패러다임이 전환하던 시기의 쟁점들이 잘 드러나 있는 보석

같은 역사책이라고 할 수 있다. 물론 이 책의 구체적인 내용은 이후 실증적인 연구에 의해 수정된 것도 상당수 있지만, 그렇다고 하더라도 천년의 주류 사관을 깨고 새로운 역사관을 개척하겠다는 패기로 가득한 이 책의 서술은 독자의 흥분과 긴장을 자아내기에 충분하다.

『사기』, 『삼국사기』, 『조선상고사』 등이 구체적인 역사 과정을 서술하면서 부수적으로 사평(史評)을 달아 저자의 사관(史觀)을 드러내고 있지만, 동양에서는 역사를 보는 관점 자체를 이론화해서 책으로 낸 사례를 쉽게 찾아볼 수 없다. 우리나라에서 그런 책으로는 퀘이커교도의 관점에서 역사의 의미를 풀어낸 함석헌의 『뜻으로 보는 한국사』가 돋보인다. 이런 방면의 책으로 내가 흥미롭게 읽은 책은 우리 세대 대다수가 그렇듯이 영국의 역사학자 E.H.카의 『역사란 무엇인가』이다. 러시아혁명사의 권위자인 저자가 오랜 역사 연구 과정에서 농축된 역사관을 강연에서 풀어낸 뒤 그 강연을 정리한 이 책은 정말 깊은 내용을 다루면서도 쉽게 읽힌다. 대학자의 연륜이 그대로 녹아 있는 명저가 아닐 수 없다.

『역사란 무엇인가』 에서도 가장 유명한 테제인 "역사란 과거와 현재의 대화"라는 말은 당연한 것 같으면서도 사람들이 실제로는 역사를 접할 때 적용하기 어려운 말이다. 사람들은 역사를 통해 과거의 사건과 대화를 나누는 게 얼마나 어려운 일인지를 모르고, 그저 현재의 이해관계를 위해 편하게 역사적 사건을 해석해 놓고는 과거와 '대화'했노라고 생각하곤 한다. 대표적인 경우가 과거 전제군주 시대 제왕의 리더십을 거론하면서 오늘날의 지도자들이 그것을 배워야 한다고 주장하는 사이비 '역사가'들이다. 민주적 리더십과 전제적 리더십은 본질적으로 다른 것이므로 이런 식으로 과거와 현재를 동조화하는 것은 과거와 대화하는 것이 아니라 과거를 견강부회하는 것에 불과하다. 바로 이런 점에서도 역사책을 읽는다는 것은 나의 역사관과 저자의 역사관 사이에서 끊임없이 대화를 나누고 올바른 접점을 찾아 나가는, 매우 어렵지만 도전할 가치가 있는 일일 것이다.

원진호

보령 거주. 내과의사. 보령 책 익는 마을 촌장. 보령시 적십자 인명 구조대 대원. 진료실에서 시골 어르신들과 만나는 것을 업으로 하고 있는 내과의사이자, '따로 또 같이', '사이와 경계'에서 지역의 다양한 친구들과 어울려 놀기를 좋아하는 독서 시민.

12

무소의 뿔

이틀 전에 오셨던 할머니가 돌아가셨단다. 동네 이웃이 진료받으러 와서 알았다. 고혈압, 당뇨에 심부전이 있는 분이셨는데 최근 몇 개월에 걸쳐 근력이 쇠하시고 숨차 하셨다. 6개월 전에 서울에서 검사를 다 했다고 해서 더 이상 검사를 권고하지 않고 지켜보던 차였다. 동네 이웃은 할머니의 죽음을 보고 맘이 안 좋았다고 한다. 남편을 일찍 여의고 평생 자식들 키우느라 고생만 했단다. 좀 더 좋은 세상 보고 편하게 살다 갔으면 좀 좋을까 하면서도 한편으로는 자식들 고생시키지 않고 쉽게 가서 다행이다 싶단다.

당뇨가 있는 75세 할아버지가 병원에 다니신다. 주치의가 보기에는 참 정정하고 쾌활하신데 좋게 이야기하면 주관이 뚜렷하고 나쁘게 말하면 고집이 여간이 아니다. 당뇨는 천하의 명의가 와도 식사 요법 등 생활관리가 안 되면 잘 조절할 수 없는 병이다. 그분에게 항상 운동 열심히 하시고 탄수화물 식사를 적당히 해야 한다고 하면 꼭 이렇게 말씀하신다.

"지는유. 사람 나이 육(60세)이면 살-만큼 살았다 시퓨. 제가 지 나이 일흔 다슷인디 더 산다고 애쓰는 것은 젊은이들에게 욕먹는 일이유. 병원도 거시긴디 안(안사람)에서 하도 죽는 시늉해서 댕겨유. 운동 열심히 해서 오래 살면 어쩐디유. 하다가두 안 해유. 선생님께 죄송한 말씀인 줄로만 아는디!"

요새 연세 드신 분들이 부쩍 "왜 자꾸 안 부르는지 모르겠슈!" 하신다. 물론 부를 사람은 하느님이고 염라대왕이시다. 그러나 염라대왕이 문을 열어 줘야 들어가지 그 앞에 앉아 있는다고 열어 주나. 사는껏 열심히 살 일이다. 그러나 그 심정은 충분히 이해가 간다.

인간은 언젠가 죽는다. 대부분은 아프다 죽는다. 의학통계에서는 이를 인구 집단을 대상으로 건강수명과 평균수명으로 개념화했다. 이를 근거로 환자분들에게 본인의 건강나이와 개인수명을 구체적으로 따져 상담해 준다. 큰 병원 건강검진에서도 수검자의 신체나이를 알려 준다. 무엇을 조심하고 관리해야 하는지 조언해 준다.

국가 보건 통계에는 기대여명이라는 것이 있다. 지금의 나이에 앞으로 얼마나 살지를 예측하는 지표이다. 인간의 오복 중에 고종명이라는 것이 있다. 인간이 제 명대로 살다가 편안히 죽는 것을 의미한다. 남들만큼 살면 억울하지 않을 것이다. 그렇다면 기대여명이 고종명의 통계적 표현이라 할 수 있지 않을까?

2014년 통계를 보면 65세의 남자의 기대여명은 18.33년이다. 8년 정도 질환으로 불편을 느끼고 지낸다면 적극적인 사회적 활동을 할 수 있는 나이는 대략 10년 정도 남는다. 이 10년을 어떻게 하면 의미 있게 쓸 건지 고민해 보면 좋을 것 같다. 환자분들에게 이런 이야기를 하면 쓴웃음을 짓는다. 하긴 의사이기 이전에 나이 어린 사람이 윗사람에게 할 이야기는 아닐 듯싶어 더 이상 의견을 개진하지는 않는다. 오히려 이 통계는 나에게 자극이 된다. 나의 기대여명은 30.96년이다. 6년 거동이 불편할 것이라 싸게 불러도 25년의 사회적 수명이 남아 있다. 살아온 50년을 견주어 나에겐 1/3의 시공간적 자원이 놓여 있는 셈이다. 어떻게 살 것인가의 고민은 이렇게 구체적이어야 한다.

문제는 시골의사가 보는 75세 이상의 대부분의 노인분들이 사회적 활동은 거의 못 하면서 아프며 지낸다는 것이다. 여기에 주치의의 측은한 마음이 있다.

노인분들은 내내 잘 지내다가 어느 순간 기력이 쇠하고 밥맛을 잃고 하는 것을 몇 번에 걸쳐 경험하면서 갑자기 늙기 시작한다. 이때부터 죽는 날까지 몸이 불편하고 질병에 잘 걸리고 아프면서 지낸다. 단지 육체뿐 아니라 정신적 체력도 약해진다. 이런 상황에 시골의 어른들이 가족 문제나 경제적 곤란으로 복(福)된 바가 적어 더욱 힘들어 한다. 그러니 당연히 죽고 싶다는 이야기가 나오고 실제 OECD 국가 중 노인 자살률이 최고로 높은 나라가 우리나라가 되는 것이다.

요새 나는 저승사자가 되어 가는 느낌이다. 종합병원급에 근무하지 않으니 실제 죽음의 현장에 있지는 않지만 몇 년 이상에 걸쳐 정을 나눴던 분들이-그분들이 내가 실력 있는 의사여서 주치의로 삼았다고는 생각하지 않는다-내 곁을 자꾸 떠나니 하는 말이다.

또한 '우리가 한 세대를 보내고 있구나' 하는 생각도 든다. 일제강점기에 태어나 젊은 시절 전쟁을 겪고 50, 60년대 반공주의와 독재의 물결을 타고 월남을 다녀오고 농촌을 떠나 산업화의 역군이 되었던 세대. 농촌에 남아 있던 분들은 자식들을 교육시키고 대처로 내보내기 위해 뼈 빠지게 일하면서 동시에 농촌의 몰락을 온몸으로 경험했을 것이다. 그분들의 휘어진 척추와 아파하는 걸음걸이를 보고, 흉부 엑스선 필름에서 전 폐에 걸쳐 뿌려져 있는 석탄 ,돌가루들을 보며 이렇게 위로할 수밖에 없다.

"할머니. 이건 훈장이유. 젊은 시절 열심히 일한 훈장. 매일 물리치료 받고 자제분들에게 보약 사 달라고 하셔유. 미안해하지 말고. 할머니에게는 그런 권리가 있슈."

우리 세대도 30년이 지나면 앞 세대를 따라갈 것이다. 인간은 한 치 앞을 내다보지 못하고 영원히 살 수 없다는 것을 분명히 알면서 사회 속에서 자신의 영원성을 보장받으려 하는 경향이 있다. 나는 내일 아침에 일터로 나갈 것이고 건강하게 하루 일을 마무리하고 지금 이 시각이면 잠자리에 들 것이다. 그러나 냉혹히 이야기하면 오늘 하루는 내게 주어진 시공간이라는 자원의 하루치 분량을 소진한 것뿐이다. 반복이 아니라 줄어듦이다. 그 줄어듦이 제로가 되었을 때 우리는 삶을 마감하는 것이다. 단지 그 시점을 모를 뿐. 그리고 비록 내가 남은 자의 기억에 추억으로 살아 있겠으나 결국 이마저도 사라지는 날이 온다.

그러나 우리가 염세주의나 허무주의에 빠지자는 것은 아니다. 오히려 반대다. 인생이 그렇기 때문에 당당히 삶을 긍정하고 멋있게 살 일이다. 그리고 한 점 티끌-그것은 오염이다-도 남기지 말고 뒤 세대들에게 이 영토와 시간을 물려줄 일이다. '나를 추억해 달라'고 애원하지 말고, 생에 흔적을 어떻게라도 남기려고 집착하지 말고 '무소의 뿔처럼 혼자서 갈 일'이다.

일전에 한 친구에게 문자 하나를 받았다. 한 집안의 가장으로 노동일을 하며 생계를 꾸려 가는 그는 분명 신산한 삶을 살고 있는 게 분명하다. 아픈 중 2 아이를 보듬고. 대학 진학하는 큰아이를 격려하는 그의 문자에 질문을 던졌다. "잘 사는 거냐?" 답이 왔다. "잘 산다~^^." 그에게서 '무소의 뿔처럼 혼자서 가는' 이의 모습을 보았다. 자신이 해야 할 일을 피하지 않고 묵묵히 견뎌 내는 친구의 모습을 보며 평범함의 비범함을 자각한다. 어찌 이 친구뿐이겠는가? 이틀 전에 돌아가신 할머니도 그렇고, 다 아는 생활관리에 반기를 드는 소신남 75세 할아버지도 그렇다. 그렇게 우리들은 앞서거니 뒤서거니 하며 살아가는 것이다.

'무소의 뿔'은 불교 최초의 경전인 『숫타니파타』에 나오는 경구다. 이것은 공지영 작가의 소설에도 나오고 법정 스님이 강원도 산골 오두막집 방 벽에 붙여 놓았다고도 한다. 부처가 사람으로 살았을 때 그의 제자들에게 말로 전한 것을 후에 기록으로 남긴 것이다. 예전 부산의 보수동 책방 골목에 들러 골라 낸 책이 있었다. 법정 스님이 생전에 옮긴 것이고 이레출판사에서 99년에 나왔다. 10년 3월에 18쇄를 찍었으니 나름 잘 팔렸다. 그 책에 나온 문장이다.

소리에 놀라지 않는 사자처럼
그물에 걸리지 않는 바람처럼
진흙에 더럽히지 않는 연꽃처럼
무소의 뿔처럼 혼자서 가라

김호연

한양대 교수. 화학, 서양사, 과학사를 공부했고, 미래인문학융합학부에서 인문학과 자연과학을 가로지르는 강의와 연구를 하고 있다. 삶이 앎이 되고, 앎이 삶이 되는 공부를 하면서 '관계와 소통'을 화두로 '행복한 삶'과 '아픔 치유'를 돕는 '인문 학교'와 '독서 모임'을 운영 중이다. 『우생학, 유전자 정치의 역사』(문광부 우수학술도서), 『희망이 된 인문학』(문광부 우수교양도서), 『인문학 아이들의 꿈집을 만들다』(공저, 문광부 우수교양도서), 『현대생물학의 사회적 의미』(공역) 등의 저역서와 「20세기 초 미국의 과학과 법」, 「역사 리텔링과 상흔(trauma)의 치유」, 「인문학 교육의 역할과 효용성에 관한 연구」 등의 논문이 있다.

13

과학이 정치를 만났을 때, 우생학

지금 보다 더 나은?

사람은 누구나 '지금보다 더 나은' 내일을 꿈꾸곤 합니다. 그런데 만일 사람의 행복이나 성공이 우월한 지능이나 신체적 조건과 관련이 있다면, '지금보다 더 나은' 생물학적 조건을 갈망하는 것은 지극히 당연한 일일 것입니다. 최근 생의학 지식이나 기술 발전은 '공상과학은 현실 속 과학이 된다'는 말처럼 '지금보다 더 나은' 생물학적 존재에 대한 갈망을 현실로 만들어 가고 있습니다. 퇴행성 질환이나 신체장애를 극복할 수 있는 프로스테시스(prosthesis) 기술이 이미 활용되고 있고, 이는 향상된 육체적 조건을 갖춘 강화인간(enhanced human)이나 지금의 인간종과는 비교할 수 없을 정도의 신체적 역량을 지닌 포스트 휴먼(posthuman)에 대한 기대를 한껏 부추기고 있습니다. 물론 이런 상황을 우려하는 사람들도 많습니다. 이들은 최근의 인간 향상 기술이나 포스트휴먼에 대한 기대가 생물학적 인간 개선과 신체적 우열에 기초해 인간의 등급화를 추구했던 과거 우생학(eugenics)의 욕망과 닮았다는 점을 지적합니다.

많은 사람들이 알고 있듯이 우생학은 19세기 후반 영국에서 탄생하여 세계 30여 나라에서 수용되어 대중화되었고, 나치(Nazi)의 유대인 대학살(Holocaust)에 이르러 참혹성을 보여 줌으로써 인간 역사에 지우기 힘든 흔적을 남겼습니다. 우생학은 당시의 첨단 과학에 기초하고 있었지만, 다른 과학에 비해 상대적으로 내적 논리가 부족했고, 이를 메워 준 것은 사회적 상황이나 권력자들의 정치적 야망이었습니다. 때문에 우생학은 과학과 정치 또는 과학과 사회의 상호작용을 보여 주는 역사적 사례 가운데 하나로 이야기되곤 합니다. 또한 우생학은 과학이라는 지식에 대한 무한 신뢰가 점증하던 시대에 강력한 영향력을 행사했던 만큼, '지식이 곧 힘'이라는 근대 이후 서구인들의 믿음이 갖는 위험성을 적나라하게 보여 주는 사례였다고도 할 수 있습니다. 과학은 이미 우리 삶의 일부, 아니 일상이 된 지 오래입니다. 지식은 가치중립성을 무기로 누구에게든지 힘으로 활용될 수 있는 여지도 있습니다. 이런 점에서 생의학 지식과 기술이 급속히 발전하면서 인간 향상과 새로운 미래를 꿈꾸고 있는 '지금, 여기'에서 '거기 그때'의 우생학을 살펴보는 것은 큰 의미가 있을 것입니다. 역사는 단순히 지나간 텍스트가 아니라 언제든 반복 가능한 현실이기 때문입니다.*

우생학의 탄생

우생학은 다윈의 사촌 동생이었던 골턴(Francis Galton, 1822-1911)에 의해 창안되었습니다. eugenics(*ευγ́νηξ*, 우생학)란 단어에서 접두사 eu는 good 또는 well을 의미하고, gen은 genesis 또는 creation을 의미합니다. 우생학은 출생이 좋은(good in birth), 즉 잘난 태생에 대한 학문(wellborn science)이라고 할 수 있습니다. 골턴은 "미래 세대 인종의 질을 개선 또는 저해하는 사회적으로 통제 가능한 모든 수단에 관한 연구"**로 우생학을 정의합니다.

골턴이 창안한 우생학은 바이스만(August Weismann, 1834~1914)의 생식질 연속설(Germ plasm theory)이 등장하면서 과학적 신빙성을 받은 측면이 있습니다. 지금은 다 아는 얘기지만, 바이스만은 인간의 생물학적 특질이 생식 세포에 의해 부모에게서 자손에게로 유전된다고 주장했습니다. 인간의 모든 생물학적·사회적 특질을 유전에 기초하여 설명하려했던 우생학에게는 더없이 좋은 첨

* 본 글은 김호연, 『우생학, 유전자 정치의 역사』(서울: 아침이슬, 2009)와 그 밖의 필자의 글들을 참고하여, 수정·보완한 것임을 밝혀 둡니다.

** F. Galton, "Probability: The Foundation of Eugenics," in *Essays in Eugenics* (London :Eugenics Education Society, 1909), p. 81.

단 과학 이론이 등장한 셈이지요. 19세기 후반 영국 사회의 전반적인 타락 징후들도 우생학이 발전할 수 있는 좋은 토양으로 작용했습니다. 당시 영국 사회는 빈곤, 범죄, 매춘 등 도시화로 인한 사회 문제로 골머리를 썩었고, 이는 자연스레 국가 효율(national efficiency)의 유지와 강화를 위해 국가가 직접 국민의 건강과 질병을 관리해야 한다는 담론을 형성하게 됩니다. 이는 생명의 질 관리 주체가 개인이 아니라 국가가 될 수 있다는 이야기였고, 이는 인간의 몸이 정치적 수준에서 통제될 수 있음을 의미하는 것이었습니다. 국가가 나서서 인간의 신체를 관리·통제하는 것은 국가 경쟁력의 확보를 통한 사회 진보와 문명화에 필수 조건이라 여겼기 때문이었습니다. 과학이라는 지식의 힘을 강렬하게 신뢰하고, 국가 효율 달성을 통한 무한 경쟁에서의 승리를 위한 도구로서 우생학이 기능할 수 있게 된 것입니다. 그런데 이런 흐름은 오늘날에도 세계 곳곳에서 살펴볼 수 있습니다. 이 때문에 우생학은 여전히 끝나지 않은 이야기처럼 자주 논의되고 있는 것입니다.

당시 골턴은 "인간의 육체, 정신, 도덕 등의 여러 특질을 인위적으로 통제하고, 변형하며, 조작할 뿐만 아니라, 알코올 중독, 성적 타락, 빈곤, 폭력 범죄, 그리고 사기 등과 같은 인간의 사회 특질도 모두 생물학(유전)으로 환원"*하여 설명할 수 있다며, 이를 통계학적 사례를 이용하여 증명하려 했습니다. 하지만 골턴이 사

* F. Galton, "Hereditary Talent and Character," *Macmillan's Magazine 12* (1865), pp. 157-166 & p. 320.

용했던 통계학적 예증 가운데는 근거 없이 자의적으로 판단한 것들도 많았습니다. 이런 이유로, 우생학은 과학을 빙자하여, 특정 세력의 이익을 위한 도구로 활용될 수 있는 여지가 있었던 것입니다. 다양한 세력은 각각의 추구하는 목적에 따라 필요한 사례를 제시하고, 선택과 배제의 원리에 입각하여 자신들의 이익에 부합할 바람직한 특질을 가졌다고 판단한 존재는 보존하고, 그렇지 않은 존재는 생식을 통제하거나 아예 제거하는 전략을 구사했습니다. 골턴의 우생학은 두 가지의 갈래가 있었던 것입니다. 기본적으로 우생학은 인간 형질에 대한 인위적인 개입을 전제하고 있습니다. 우생학은 개입의 방식이나 목적에 따라 포지티브(positive) 우생학과 네거티브(negative) 우생학으로 나뉩니다. 포지티브나 네거티브를 적극적/소극적 또는 긍정적/부정적 등으로 지칭하지 않는 것은 가치 판단이 이미 적재되어 있는 용어들이라서 오해의 여지가 있기 때문입니다. 여기서는 포지티브 우생학과 네거티브 우생학이라고 골턴의 본래 표현을 그대로 사용하고자 합니다. 포지티브 우생학은 인간의 우수하거나 바람직한 형질은 적극 개선하고 향상시키려는 입장을 말합니다. 생의학적 개입을 통해 치료나 향상을 꾀하려는 오늘날의 움직임과 비슷합니다. 네거티브 우생학은 열등하거나 바람직하지 않은 형질을 제거하거나 통제하는 것을 의미합니다. 끔찍했던 유대한 대학살이나 소수자와 사회적 약자에 대한 강제 불임화 수술이 이에 해당합니다.

우생학의 역사적 전개

우생학은 20세기 전반 여러 나라의 정치사회적 상황과 조응하여 조직화된 실천 운동으로 진화하면서 공중보건과 같은 공공정책으로까지 발전하게 됩니다. 따라서 우생학의 역사 속 모습은 매우 다양했고, 우생학의 지지자들도 스펙트럼이 넓을 수밖에 없습니다. 이를 테면, 우생학적 법률을 제정하여 강제적인 방식으로 집단의 유전적 질을 유지·보존하려 했던 미국이나 독일 같은 나라가 있었는가 하면, 소련은 우생학을 활용하여 사회주의적 인간 육성을 목표로 삼았습니다. 종교적 전통이 강했던 프랑스나 라틴 아메리카의 나라들은 건강의 측면에서 우생학을 바라보기도 했고, 우생학의 탄생지인 영국에서는 우생학적 법률이 제정되지도 않았고 모성보호에 관심을 가졌습니다. 복지국가 건설을 위해 대중의 합의를 통해 우생학적 강제 불임화 수술을 시행했던 스칸디나비아 국가들도 있었습니다. 물론 우생학의 지지자들은 정신성을 비롯한 인간의 모든 신체·사회 특질이 정량적으로 측정 가능하며, 유전적으로도 고정된 특질이라는 전제만큼은 공유했습니다. 문제는 이런 믿음이 사회적 약자나 하층 계급을 생물학적 열등자로 낙인찍어 성공과 실패의 모든 책임을 개인에게 전가시키고, 궁극적으로는 기득권 계층의 이익과 목적을 실현하는 도구로 우생학이 활용되었다는 점에 있습니다. 이 때문에 과학적 연구가 혹여 특정 이데올로기나 세력만을 위해 봉사할 가능성은 없는지의 여부를 신중하게 살피는 것이 필요합니다. 특정 정책 시행이나 지식 활용으로 '과연 누가 이익을 보는가?'라는 시선이 이 문제를 살피는 데 도움이 될 것입니다.

(1) 미국

미국과 독일은 우생학에 가해지는 비판의 중요한 사례들을 제공하는 나라들입니다. 먼저 미국을 살펴보겠습니다. 미국은 19세기말부터 스펜서(H. Spencer, 1820~1903)의 영향으로 이른바 사회다윈주의(social Darwinism)가 나름의 영향력을 행사하고 있었는데, 사회다윈주의는 다윈의 생물학적 진화론에서 등장했던 생존경쟁과 적자생존의 원리를 사회에 응용하여 인간을 적격자(fit)와 부적격자(unfit)로 구분하고, 이를 기초로 개인의 삶에 개입하려는 이념이었습니다. 우생학은 동일한 원리에 입각하고 있지만, 집단 전체의 생물학적 질에 주목한다는 점에서 차이가 있습니다. 달리 말하면, 우생학은 사회다윈주의의 제2국면이자 집단적 버전이라고 할 수 있습니다. 미국에서는 1903년 미국 육종가협회(ABA)를 시작으로 1920년대까지 다양한 조직들이 우생학적 사회 건설을 목표로 생겨납니다. 이 조직들은 우생학의 과학적 정당성을 학문적으로 입증하기 위한 연구를 수행하고, 우생학 교리 문답집(Eugenics Catechism, 1926)도 만들어 배포함으로써 우생학적 원리의 대중화에 힘썼고, 모범적인 미국인 가정을 뽑는 대회(Fitter Families Contest)를 개최하여 미국 엘리트의 생물학적 모델을 제시하려는 대중 활동을 전개하기도 했습니다.

미국에서는 더 적극적인 우생학적 실천이 이루어지기도 했는데요, 역사상 최초로 다양한 우생학적 입법, 즉 이민법(Immigration Act), 혼인법(Marriages Law), 그리고 단종법(Sterilizations Law, 강제 불임화 수술법)이 제정된 것입니다. 이 법들은 와스프(White Anglo Saxon Protestant)의 미국 사회에 대한 지배력을 강화하고, 유색인종이나 사회적 약자에 대한 정치사회적 차별을 정당화하는 도구로 우생학이 이용되었음을 보여 주는 좋은 사례입니다. 미국의 우생학적 법률 제정은 열등한 존재에 대한 사회로부터의 격리 또는 제거라는 대중적 이상이 와스프의 가치 지향이나 인종주의와 부합한 결과였다고 할 수 있습니다. 미국에서는 남북전쟁(Civil War, 1861~1865) 이후 인종주의적 편견이 강화되기 시작합니다. 19세기말을 지나면서 미국인들에게 인종의 혼합은 국가 쇠락을 야기하는 공포의 근원이었고, 이는 19세기 중반 이후 미국 내로 유입된 열등한 동양인과 1880년대 이후 급증한 남동유럽 이민자들에 대한 반감으로 발전합니다. 이에 따라 미국에서는 열등한 인종의 이민 규제를 위해 1882년 중국인 배제법(the Chinese Exclusion Acts), 1907년 신사협정(the Gentleman's Agreement), 그리고 1917년 문맹시험법(Literacy Test) 등을 제정하기도 했습니다. 당시 우생학 지지자들은 이민자들의 낮은 IQ, 알코올 중독, 게으름, 그리고 탈법성향 등을 이유로 이민 규제의 정당성을 주장했습니다. 미국의 우생론자들은 이민자들의 열등한 특질은 모두 유전에 의한 것이고, 만일 이들의 나쁜 특질이 대량으로 미국 사회에 유포된다면 미국인들은 퇴화할 것이며, 이는 궁극적으로 미국의 멸망을 야기할 것이라고 주장했습니다. 그런데 우생학 지지자들의 주장은 미국인들의 마음을 움직입니다. 급기야 1921년 존슨법(Johnson Bill)과 1924년 국적별 쿼터 이민제한법(Johnson Reed Bill)이 제정됩니다. 이 법들은 특히 폴란드, 헝가리, 발칸, 터키, 러시아 등에서 유입된 이민자들을 규제할 목적으로 제정했는데, 이는 이들이 전통적인 미국인들에 비해 유전적으로 열등하며, 이들과의 계속된 동화와 국제결혼은 미국 혈통을 오염시킬 것이라는 대부분 근거 없는 주장에 토대를 두고 있었습니다. 그럼에도 이 법률들이 제정될 수 있었던 이유 가운데 하나는, 당시 미국 사회가 실업 증가, 노동 파업, 그리고 인플레이션 등 일련의 경제적 위기에 봉착해 있었기 때문입니다. 즉 우생학이 일자리 창출과 경제적 위기 돌파를 위한 좋은 명분을 제공해 주었던 것입니다. 그것도 과학의 이름으로. 과학의 활용이 정치적 목적뿐만 아니라 경제적 상황과도 연동될 수 있다는 것을 알려 주는 사례라고 할 수 있을 것입니다. 따라서 과학에 대한 이해는 좀 더 넓은 맥락에서 접근해야 할 필요가 있을 것입니다.

1896년 코네티컷 주에서는 우생학적으로 부적격자인 사람들의 혼인 및 혼외정사를 금지하는 법이 제정되었습니다. 이는 미국 인종의 질을 보존하기 위해 부적격자의 혈통이 유전되는 것을 막기 위한 조치였습니다. 이 법을 어긴 여성이 만일 45세 이

하라면 최소한 3년 이하의 징역을 살아야 했습니다. 인디아나 주에서 1905년 통과된 혼인법은 정신적 장애, 유전적 질병, 그리고 알코올 중독이 있는 사람의 혼인 금지를 명문화하면서 혼인 금지의 범주와 대상을 넓힙니다. 미국에서는 1914년까지 약 30개 주에서 혼인법이 제정되었는데, 대부분의 법에서 정신박약자(feebleminded, 지금의 정신지체에 해당함)나 정신이상자를 포함한 다양한 형태의 부적격자들의 혼인을 금지했습니다. 이 조항들은 이런 사람들이 계약체결 능력이 없다는 이유를 근거로 내세웠지만, 이는 매우 자의적인 우생학적 판단에 기대고 있었습니다. 혼인법은 사회적 부적격자들, 특히 신체적 결함이 있는 자들의 혼인이 미국 인종의 자살로 이어질 것이고, 궁극적으로는 백인종의 문명화가 좌절되고 말 것이라는 사고가 만들어 낸 강제 입법이었습니다. 이후 혼인법은 인종주의적 사고와도 연관되어 인종적 질을 악화시켜 문명화를 방해할 수 있는 유색인종과 백인종 사이의 혼인 역시 엄격히 규제하게 됩니다. 이런 점에서 미국의 혼인법은 인종적 질 보존의 필요성을 강조하며 무고한 인명을 살상했던 나치의 법률들과 별반 차이가 없었습니다.

강제 불임화 수술에 관한 법률 제정도 빼놓을 수 없는 미국 우생학 역사의 유산입니다. 불임화 수술은 원래 범죄를 통제하려는 목적에서 시행된 것이었습니다. 그러다가 우생학과 결합하여 범죄 성향뿐만 아니라 신체적 결함마저 통제하려는 의도에서 법률로 발전하게 됩니다. 1907년 인디애나 주에서 첫 번째 단종법이 만들어진 이후 1933년까지 미국의 29개 주에서 단종법이 제정됩니다. 이 법으로 인해 20년 남짓한 기간 동안 공식적으로 약 16,000명 이상이 강제 불임화 수술을 당했고, 1974년까지 수십만 명이 이 법에 의해 피해를 입은 것으로 알려져 있습니다. 여러 주에서 제정된 단종법은 세밀한 내용은 다소 차이가 있지만, 거의 대부분 범죄 성향이나 강간 같은 강력 범죄와 간질, 정신이상, 천치 등의 정신적 측면이나 선천성 장애를 동일한 잣대로 판단하고, 이들 모두를 강제 불임화 수술의 대상으로 간주했습니다. 기가 막힐 노릇입니다. 장애가 범죄와 동일한 수준에서 판단할 만한 것인가요? 단지 정신적 장애가 있다는 이유로 생식에 제한을 당하는 것은 과연 타당한가요? 집단의 전체적인 생물학적 질을 보존한다는 명분으로, 국가가 개인의 생식 자유를 침해하는 것은 얼마나 정당화될 수 있을까요? 그런데 단종법 역시 이민규제와 마찬가지로 경제적 이유 때문에 제정되고 시행되었던 측면이 있습니다. 즉 사회적 부적격자들 때문에 증가하는 경제적 부담을 경감시키기 위한 방안 가운데 하나가 단종법이었습니다. 당시 대부분의 단종법에서는 정신박약자를 불임화 수술의 대상으로 삼았습니다. 버지니아 주에서는 정신박약자가 범죄자의 25%, 매춘 여성의 40%, 구빈 시설 수용자의 절반을 차지했다고 보고되었고, 코네티컷 주에서는 주정부 예산의 25%가 이런 사람들의 보호와 치료를 위해 소요되고 있었습니다. 당시 백인들 가운데 많은 사람들은 바람직하지 않은 신체적 결함자들을 위해 자신들이 과도한 세금을 지출하는 것에 불만을 갖고 있었습니다. 단종법은 백인들이 신체적 장애자들에게 갖고 있던 적대성과 정부의 세금 및 복지정책에 대한 불만이 가져온 결과였던 것입니다.

1927년 버지니아 주의 벅 대 벨(Buck v. Bell) 사건을 통해 사회적 부적격자에 대한 강제 불임화 수술이 합법화된 이후 미국에서는 우생학적 선택과 배제가 더욱 기승을 부리게 됩니다. 당시 캐리 벅(Carrie Buck)은 버지니아에 거주하는 18세 소녀였는데, 강간에 의해 정신박약의 사생아를 낳았습니다. 그런데 벅의 어머니 역시 정신박약이었고, 이는 정신박약이 유전에 의한 결과임을 입증하는 강력한 사례로 우생학 지지자들의 주목을 받게 됩니다. 유전에 의한 정신박약은 인종적 질 퇴화와 사회 진보에 장애로 작용할 수 있는 것이며, 이런 존재들은 당연히 강제 불임화 수술 대상이 되어야만 한다는 주장이 설득력을 얻게 된 것입니다. 하지만 캐리 벅은 정신박약이 아니었고, 많은 부분들이 조작되었음이 연구를 통해 밝혀지게 됩니다. 조작으로 가해진 국가의 폭력이라 할 수 있지 않을까요? 그것도 보호를 받아야 할 피해자에게 가해진 정말이지 아픈 이야기입니다. 더 기막힌 사실은 자유 민주주의의 역사로는 세계에서 가장 오래된 국가인 미국에서 이런 류의 강제 불임화 수술이 1970년대까지도 지속되었고, 미국의 우생학적 법률들이 독일의 나치에게 수출(?)되었다는 사실입니다. 이를 어떤 학자는 나치 커넥션(nazi connection)이라 부릅니다.

(2) 독일

독일에서 우생학은 인종위생(Rassenhygiene)이라 불렸습니다. 독일에서 인종위생은 강제 불임화 수술, 안락사, 그리고 집단학살과 밀접한 연관을 가지며 전개되었습니다. 독일의 인종위생은 나치의 등장 이전부터 독일 중산 계층의 이해 및 민족주의와 연결되어 태동하고 있었습니다. 특히 제1차 세계대전 이후 점증한 국가 효율 위기와 문화적 타락 우려는 인종 위생의 현실적 필요성을 더욱 부추기게 됩니다. 이런 상황에서 나치의 등장은 소수의 지식인 집단의 주장에 불과하던 독일의 인종위생을 국가 정책적 차원에서 적용할 수 있는 계기가 됩니다. 이후 나치는 우생학을 근거로 인종적 순수성의 보존이라는 자신들의 정치적 목적을 달성하려 했고, 우생학은 인식론적 정당성은 물론이고 사회적 권위까지 부여받게 됩니다. 과학과 정치가 상보적일 수 있음을 잘 보여 주는 대목이라고 할 수 있습니다. 이 때문에 우리가 과학을 바라볼 때, 정치적 오용이라는 우려의 시선을 거두기 힘든 것입니다.

나치의 등장은 제1차 세계대전 이후 악화된 독일의 경제적 상황과 전쟁 패배로 인한 독일 대중들의 상실감과 관련이 있습니다. 이런 상황에서 1929년 미국에서 발생한 경제 대공황은 독일에도 영향을 끼쳐 독일 산업은 거의 초토화되고 경제 상황은 더욱 벼랑 끝으로 내몰리게 됩니다. 이는 경제적 돌파구가 필요하다는 공감대를 형성했고, 이 과정에서 사회적 부적격자들에 대한 관리 비용 증가 문제가 주목을 받게 됩니다. 당시 독일의 한 교과서에 실린 내용은 이를 잘 보여 줍니다. "만일 정신질환자 수용소의 건설에 6백만 마르크가 소요되고, 택지에 집 한 채를 짓는 비용으로 만 오천 마르크가 들어간다면, 한 개의 수용시설을 짓는 비용으로 집을 몇 채나 지을 수 있겠는가?" 당시 독일의 경제 위기는 노동 능력을 상실한 노약자나 빈곤계층, 그리고 신체적 불구자들을 '쓸모없는 식충이'나 '살 가치가 없는 인생들'로 전락시켜, 이들을 사회에 짐이 되는 존재로 부각시키기도 합니다. 이는 인권이나 생명의 존엄성에는 관심도 없고, 오로지 돈으로만 모든 것을 판단하려는 그릇된 태도에서 비롯된 것입니다. 이 과정에서 우생학은 사회적 짐이 되는 존재들을 제거하기에 가장 효율적이고 적합한 해결 수단으로 주목을 받게 된 것이었습니다. 뿐만 아니라 인종위생은 노르딕 인종주의와 결부하여 혈통의 순수성을 보존하여 독일 인종의 영광을 재현하려는 과학적 수단이기도 했습니다.

1927년 독일 범죄 법전(German Criminal Code)이 제정되어 사회적 부적격자들에 대한 불임화 수술이 처음으로 시행되었고, 1933년에는 더 강력한 단종법(Das Gesetz zur Verhutung erbkranken Nachwuchses)이 제정되어 유전적 질병자들에 대한 생식 제한이 가능하게 됩니다. 사실 유전성 질병자에 대한 국가의 강제적인 단종은 그 자체로 폭력적이라고 할 수 있습니다. 개인의 생식 권리를 침해한 것이니까요. 더 심각한 문제는 이 법에서 규정한 불임화 수술 대상에 빈곤이나 알코올 중독처럼 유전성이 불분명한 사회적이고 행동적인 특질까지 포함되었고, 불임화 수술 판정 역시 매우 자의적이었다는 점입니다. 알코올 중독은 불임화 수술 대상이었지만, 혈우병(haemophilia)은 선천성 질환임에도 빠져 있습니다. 이 법에 의해 불임화 수술 대상자로 지목된 인원만 무려 40만 명이 넘는 것으로 알려져 있습니다. 1935년 제정된 뉘른베르그법(Nuremberg Law)은 독일 혈통의 보호를 강조하며 제정되었는데, 후일 유대인 대학살의 시초적 성격을 갖는다는 점에서 중요합니다. 이 법은 혈통법(Blood Protection Law), 결혼 건강법(Marital Health Law), 그리고 제국 시민법(Reich Citizenship Law) 등으로 구성되었는데, 히틀러(Adolf Hitler)는 인종적·도덕적·정치적 약자를 질병자로 규정하고, 이들을 제거하는 합법적 수단으로 이 법을 활용했습니다. 당시 나치는 유대인을 기생충, 암, 결핵, 세균, 또는 질병의 화신 등으로 불렀는데, 이는 유대인의 제거가 마치 질병 치료와 동일한 성격의 것이라는 말도 되지 않는 논리를 구사했습니다. 독일에서 강제 불임화 수술은 나치의 이중 전략, 즉 생물학적 목적(인종적 생존과 순수성 보호)과 정치적 목적(정부의 적대 세력 제거)을 달성하려는 폭력적 수단에 다름 아니었던 것입니다.

강제적인 단종법을 근거로 살 가치가 없는 생명에 대한 제거는 후일 대규모 안락사(euthanasia)로 발전하는 예행연습에 불과했습니다. 이른바 '히틀러 처형(the Hitler cut)'으로 알려진 안락사 시행이 그것입니다. 당시 독일의 안락사 프로그램은 경제적 위기를 돌파하려는 목적에서 시작되었습니다. 처음에는 신체 및 정신

장애가 있는 세 살 미만의 독일계 아동을 대상으로 안락사가 시행되었습니다. 이를 아동안락사라 부릅니다. 아동안락사는 1939년 8월부터 시작되어 28개 수용소에서 치사주사를 이용하여 아동들을 안락사시키거나 굶겨 죽였습니다. 그러다가 1941년이 되면 17살까지 대상이 확대되고, 급기야 1943년에 이르면, 유대인을 비롯한 모든 비아리안 인종을 대상으로 안락사를 시행합니다. 이른바 T-4프로그램으로 알려진 안락사입니다. 이는 성인안락사라고 할 수 있는데, 법률적인 근거도 없이 히틀러 개인의 결정으로 요양원이나 정신병원에서 실행되었습니다. 그래서 히틀러 처형이라 부르는 것입니다. 성인 안락사는 환자들을 치료소로 이동시킨다고 속인 뒤, 6개의 안락사 센터에서 가스 질식사 시키는 방법을 사용했습니다. T-4프로그램은 1941년 8월에 끝날 때까지 약 70,000명의 생사람을 안락사 시킨 것으로 알려져 있습니다. 아동 및 성인 안락사 프로그램은 1941년 광적 안락사(Wild Euthanasia)로 발전합니다. 당시 광적 안락사는 노동 능력을 상실한 이주 노동자들, 점령지의 주민들, 반사회적 인물들, 그리고 유대인 등 살 가치가 없다고 자의적으로 판단한 모든 존재들을 대상으로 시행되었습니다. 광적 안락사는 1943년 종료되었고, 이때 까지 2년 동안 약 20,000명이 안락사 당했다고 합니다. 안락사 프로그램을 통해 나치는 죽임의 기술(?)을 연습했고, 이는 인류 역사상 가장 반인륜적이고 폭력적이라 할 수 있는 유대인 대학살로 귀결됩니다.

우생학의 역사에서 무엇을 배울 것인가?

우생학은 국가나 정부가 공공복리를 명분으로, 과학의 이름을 빌어 강제적인 방식(법률)으로, 인간의 몸 또는 생식을 통제하는 가운데, 정치적·사회적·문화적 차별을 정당화하면서 역사에 지우기 힘든 흔적을 남겼다는 비판을 받습니다. 하지만 우생학은 유럽을 비롯한 세계의 많은 나라에서 다양한 이념을 지닌 사람들에게 20세기 전반부터 오래도록 각광을 받았습니다. 그 이유는 무엇이었을까요? 과학이 국가 효율이나 사회 진보를 달성해 줄 가장 확실한 수단으로 인식되었기 때문이었을까요? 아니면 인간 존재의 완전성을 추구하는 오래된 욕망 때문이었을까요?

다른 문제들도 있습니다. 이를테면 국가가 개인의 생식 권리를 침해했던 것은 과연 얼마나 정당화될 수 있을까요? 반대로 만일 개인이 자신의 생물학적 조건을 자발적으로 개선한다면, 이는 수용 가능한 선택일까요? 의료적 차원의 치료와 생물학적 조건의 향상이나 강화는 뚜렷하게 구분될 수 있을까요? 지식의 진보나 기술의 발전은 모두에게 이로운 것일까요?

생의학 지식과 기술이 발전하여 '지금보다 더 나은' 인간에 대한 논의가 분분한 요즈음입니다. 과연 우리는 우생학의 역사로부터 무엇을 배울 수 있을까요?

참고문헌, 더 읽어 볼 거리

『나를 보내지 마』, 가즈오 이시구로, 민음사, 2009.
『우생학, 유전자 정치의 역사』, 김호연, 아침이슬, 2009.
『생명의 윤리를 말하다』, 마이클 센델, 강명신 옮김, 동녘, 2010.
『개구리』, 모옌, 민음사, 2012.
『우승열패의 신화』, 박노자, 한겨레출판, 2005.
『인간에 대한 오해』, 스티븐 제이 굴드, 김동광 역, 사회평론, 2003.
『생명에도 계급이 있는가』, 염운옥, 책세상, 2009.
『멋진 신세계』, 올더스 헉슬리, 문예출판사, 1998.

김현희

임상심리사 & 미술치료사. 성신여자대학교 일반대학원 심리학과(임상심리전공)졸업 후, 명지대학교 일반대학원 심리재활학과(미술치료 전공)에서 박사과정을 수료하였다. 2003년부터 현재까지 신경 정신과에서 청소년과 성인을 대상으로 심리치료와 평가를 담당하고 있다. 2004년부터 문화예술 교육원, 사회교육 대학원, 문화원 등에서 정신 건강, 부모 교육, 심리평가, 이상심리, 미술치료 등을 강의하고 있다. 현재 psychotherapy &counseling center. leekim 공동대표로 활동 중이다.

14

고통에 대한 단상

한 평 반 남짓한 공간에서 타인의 은밀한 삶에 귀 기울입니다. 일상 중 대부분이 이야기를 듣는 것에서 시작되고 끝납니다. 몇 번의 슬럼프를 겪었습니다. 도망치듯 새 일자리를 찾으려 한 기억도 있습니다. 자유롭게 떠도는 여행자로 살고 싶었고, 지금도 그 꿈은 가끔 저를 찌릅니다. 겁이 많아서인지 게으름 탓인지 모르겠으나, '유랑하는 삶'은 꿈으로만 남겨 둔 채 여전한 일상을 보내고 있습니다. 사람과 만나고, 이야기 나누고, 묻고, 듣고, 상상하고, 공감하며 그들의 경험을 공유합니다. 당연하겠지만, 즐겁고 행복한 순간에 저를 찾아오는 사람은 없습니다. 괴롭고 우울하며, 혼란스럽고 외로운 시간 속에서의 만남이 대부분입니다. 그러다 보면 삶이란 결국 불행을 견디는 게 아닐까 싶습니다.

누구에게나 고난이 오고, 피할 수 없다는 걸 생생히 보게 됩니다. 관심을 두고 깊이 들여다보면, '거저 산 인생'은 없다는 걸 재차 확인합니다. 더러는 '이래서 인생은 공평한 거야'라고 말합니다. 한 개인이 감당할 고통의 총량은 모두에게 동일하다고도 합니다. '누구나 겪는 아픔'이라 해도, '고통에는 총량이 있으므로 언젠간 끝날 거'라 해도 위로가 되는 건 아닌 듯합니다. 그저 지금 내게는 닥치지 않았으면 좋겠다는 마음뿐일 겁니다. 실패와 고난이 삶을 단단하고 풍성하게 해 준다지만, 저 또한 두렵습니다. 무조건 피하고 싶습니다. 하지만 알고 있습니다. 혼자만의 노력으로는 불가피한 상황이 무수히 많다는 걸 말입니다. 삶이 주변 이들과 촘촘한 연결고리를 가진 한, 나만 피한다고 될 일도 아니지요. 슬픔과 불행의 파급효과는 느닷없고 광범위하게 주고받을 수밖에 없습니다.

아픔, 모두가 다른 방식으로 버팁니다. 각자 몫의 고통을 견딥니다. 누군가는 그 순간을 외면하거나 부인하고, 마치 아무 일 없었던 것처럼 여깁니다. 문제와 대면하고, 관통하는 이도 있습니다. 주변에 도움을 요청하며 극복해 나가는 사람도 만났습니다. 현실을 부인하며 자기 세계 속으로 숨어들어 간 이도 있습니다. 어떤 방식이 건강한 대처인지, 고통은 반드시 직면해야 하는지, 부적응적인 태도는 무엇인지 가늠해 내지 않겠습니다. 쉽게 판단할 수 있는 문제도 아니고, 그래서도 안 되기 때문입니다. 대신 그 자체로 충분한 의미가 있다는 말은 하고 싶습니다. 각자 삶 속에서 익숙하고, 적응적이며, 성공 경험을 기반으로 고안한 방법이므로 지금까지 사용해 온 그들의 방법은 모두 옳습니다.

'고통'의 주관적 정의, 형태, 유형, 정도, 강도, 깊이는 사람마다 다를 겁니다. 그럼에도 살아가는 동안 누구도 피할 수 없고, 깊은 상처를 주는 것 중 하나가 '상실로 인한 경험'이 아닐까 싶습니다. 제게도 피하지 못한 아픔이 있습니다. 감당할 수 없었으므로 기억에서 밀어내려 했습니다. 발버둥쳤으나 그럴수록 괴롭기만 한 시간이었습니다. 그때는 죽을 만큼 힘겨웠으나, 점차 무뎌진 일도 있습니다. 어떤 경우이든 상실은 힘겹습니다. 남겨진 이에겐 지워지지 않는 상처를 남깁니다. 오늘 이 지면에서는 상실을 겪고 있는 이들에 대해 이야기하려고 합니다. 전달하고 싶은 핵심 주제가 있는 것은 아닙니다. '생명의 중요성' 같은 어줍지 않는 교훈을 주려는 의도 역시 없습니다. 그저 살아가는, 견뎌 내고 있는, 사람에 대해 말하고 싶을 뿐입니다. 이 또한 삶의 한 부분이기 때문입니다.

막상 남겨진 사람들에 관해 쓰려다 보니, 스스로 목숨을 끊어버렸거나 자살을 시도했던 이들에 대한 염려가 앞섰습니다. 이 때문에 꽤 오랜 시간 글을 마무리 짓지 못했습니다. 제 의도와 상관없이 그들 선택이 함부로 폄훼될까 봐 걱정됩니다. 누구의 죽음도 조롱거리가 되거나, 비난받지 말아야 합니다. 행위에 동의하고 지지하지 않는 것과 함부로 비난하고 쉽게 판단하는 것은 다릅니다. 상처의 크기는 당사자 외에는 알지 못합니다. 남은 사람의 어떠한 설명도, 떠난 이를 온전히 이해하기엔 한계가 있습니다. 부디 제 부족한 표현 때문에 오해가 생기지 않기를 바랍니다. 이 글로 누군가 상처를 받았다면, 그것은 오롯이 제 성찰이 부족했고, 표현하고 전달하는 능력이 모자랐기 때문입니다. 용서를 빕니다.

제 아픔과 경험을 들춰내려다, 타인의 상처를 후벼 파는 격이 되어 버릴까 봐 몇 번을 고민했습니다. 조심스러웠습니다. 스쳐간 인연에 대한 예의를 갖추기 위해, 인간에 대한 무례함을 끼치지 않기 위해, 노력을 기울였습니다. 많은 부분을 고치고 바꾸었습니다. 그러므로 앞으로 하려는 이야기는 대부분 진실이지만, 상당 부분은 사실과 다릅니다. 성별을 바꾸었고, 연령과 상황을 고쳤습니다. 그분들을 존중하는 나름의 방식이라 여겨 주시고, 너그러운 양해 바랍니다. 그럼 이야기를 시작해 보겠습니다.

이야기 하나

'너무 오래 살았지.' 초로의 신사가 말했다. 적당한 대답을 찾아내지 못한 나는 어색한 표정으로 애먼 발끝만 쳐다보았다. 꾸지

람 듣는 아이처럼 어쩔 줄 몰라 눈치를 살폈다. 이제 와 생각해도, 두고두고 되뇌어도 모르겠다. 뭐라도 말했으면 좋았을 텐데 후회만 남는다. 그런 말씀 마시라고 화를 낼 걸 그랬나? 차라리 울어 버리면 나았을까? 어떤 말이 필요했을까? 무슨 말을 듣고 싶으셨을까? 허둥대다 기회를 놓치는 건 예나 지금이나 마찬가지다.

낙원상가 뒷골목, 걸을 때마다 쩍쩍 소리 내던 끈끈한 길바닥을 기억한다. 여기저기 흩어져 있던 담배꽁초, 밟히고 찢긴 전단, 눌어붙어 꿈쩍 않던 검게 변한 껌, 듬성듬성 고여 있던 기름 섞인 물, 성의 없이 걷던 사람들. 취해 비틀거리던 뒷모습. 위태로운 발자국을 뒤따르던 서러운 발걸음. 붙잡고 싶은 추억은 안간힘을 써도 지워지더니, 잊고 싶은 기억은 애를 쓸수록 또렷해진다. 그 여름의 기억은 아무 때고 나를 찌른다.

막걸리 한 주전자 받아 주겠느냐는 전화였다. 혹시라도 잘못 알아들었을까 봐 몇 번을 확인한 후 길을 나섰다. 상가 출입구에서 노련하게 전을 뒤집던 중년 여성이 손짓으로 우리 일행을 불러 세웠다. 삼삼오오 무리가 만들어 놓은 무질서 속을 미로 찾기 하듯 비집고 들어갔다. 더위 섞인 습한 기름 냄새가 담배 연기를 만나 뿌옇고 기괴한 모양을 만들며 부유했다. '저, 더 맛있는 거 사 드릴 수 있어요. 나가서 식사 먼저 하시죠?' 답을 듣지 못한 물음도 공기 중에서 무심하게 흩어졌다. 긴 침묵은 그해 여름만큼 지독했다. 연일 기록을 경신하는 더위였다.

더없이 여위었더라는 표현은 게으른 수사다. 충분하지 않다. 짐작대로 고통스러워 보였다고 한다면 거짓말이다. 새끼 잃은 아비 모습을, 그토록 처참한 지경이 될 수 있다는 걸 이전에 알았을 리 없다. '짐작'할 수 있다거나, 공감한다고 말했던 건 교만이었다. 상상력이 채 미치지 못하는 지점, 그는 지옥에 있다. 스스로 생을 저버린 아들을 품고 이미 현실 세계를 벗어나 있었다. 초라함이 만들어 놓은 위압감 앞에서 나는 어떤 말도 할 수 없었다.

아들을 잃기 전, 그는 풍채 좋고 호탕한 매력을 한껏 발산했다. 모임 중심에는 항상 그가 있었다. 자석처럼 사람을 끌어당겼다. 누구와도 금세 친구가 되었다. 의심 많고 낯가림 심한 나는, 그가 내보인 친절을 경계했다. 명성에 어울리지 않는 소박함을 수시로 의심했고, 절제된 행동에도 간간이 의혹을 품었다. 한결같은 모습을 대하다 보면 의구심이 무색해지곤 했다. 그러나 마음 놓을 수 없었다. 그럼에도 어느 틈엔가 그처럼 나이 들어 갈 수 있기를 소망하고 있었다.

아들이 떠난 후, 그의 목소리가 사라졌다. 당연하겠지만 유머와 여유도 모두 말라 갔다. 풍채 좋던 모습은 오간 데 없었다. 몸을 감싸고 있던 옷은 느린 걸음에도 펄럭였다. 놀라울 만큼 줄어든 머리숱이 유난히 빠르고 하얗게 물들어 갔다. 자신감 넘치던 모습이 없어졌다. 아무런 표정도 읽히지 않았다. 예전의 모습을 찾으려던 노력은 내 이기심이었다. 계절이 바뀌었으므로 기운 차리길 바랐다면, 그 역시 오롯이 나만을 위한 위로였을 것이다. 그는 아들을 잃었다.

스스로 목숨을 끊었더라고 했다. 쉬쉬하는 분위기였다. 아버지 그늘이 너무 컸다던가, 집에서는 혹독했다던가, 오래전부터 우울증을 앓았다던가, 정신에 문제가 있었다던가와 같은 확인되지 않은 온갖 추측이 난무했다. 진실은 알 수 없었으나, 누구에게도 진실 따위는 중요하지 않은 듯했다. 소문은 빠르게 퍼져 나갔고 거품처럼 부풀어 올랐다. 스물한 살 청년이 죽었다. 원인도 사연도 알 수 없는데, 소문은 기어이 살아남아 무성한 이유를 만들어 냈다.

시간이 지나도 사람들은 그의 외아들에 관해 이야기했다. 교통사고로 처리하는 게 낫지 않았나? 라고 누군가 속삭이면, 부모가 너무 잘나가면 자식이 기를 못 편다지? 라며 받아쳤다. 한두 번 아들을 보았다던 이는 그때도 뭔가 조짐이 있었더라고 확신했다. 기이한 성격이라든지, 우울한 성향 탓에 사람들과 어울리지 못했다고 말했다. 집안 내력을 운운하다가도 우울증이 제일 무섭다고 결론 내렸다. 그들에 의해 죽음의 원인은 우울증이 되었다.

그를 제외한 모두가 일상으로 돌아왔다. 이제 그를 앞에 두고도 아무렇지 않은 듯 제 자식 자랑에 몰두했다. 타인의 고통에 무관심할수록 '성적이 좋다느니, 대학은 어딜 갔다느니' 시시콜콜한 일에 호들갑 떨며 관심을 보였다. 노력을 안 해 그렇지 원체 영리한 아이라고, 성품 좋고 말이 필요 없는 효자라고, 지고 싶지 않은 듯 끊임없이 떠들어 댔다. '공부는 못해도 건강하니 됐다'는 말이, '그럴 때면 확! 죽이고 싶더라니까'는 말로 이어졌다. 아들과 함께 그도 사라졌으므로 상관없었을 것이다. 암묵적으로 협의가 이뤄진 애도 기간은 그렇게 끝나 있었다.

그를 따르던 사람이 거품처럼 사그라졌다. 이내 소리도 흔적도 없이 사라졌다. 그는 아들을 잃은 후, 사람도 잃었다. 열정, 여유, 즐거움, 의미 모두 잃었다. 그리고 자신도 잃었다. 그가 모든 것을 잃어 가며 '너무 오래 살았지'라고 말했을 때, 나는 부끄러움과 죄책감을 얻었다. 그의 상실, 상처, 고통, 절망의 감정에 오염이라도 될세라 내 마음 단속하기 급급했다. 무엇으로도 위로할 수 없으리라는 무력감은, 나에게는 이런 일이 생기지 않길 바라는 간절함을 숨겨 주었다. 우울한 감정에 물들지 않기 위해 몸부림쳤다.

그때 어떤 표정을 지었는지 기억나지 않는다. 좀 더 솔직하자면, 어떤 마음으로 견디었으며, 버티었을지 차마 알고 싶지 않았다. 고통 속에 있는 이를 감당할 수 없었으므로 방관했고 마음 편히 살기 위해 기억을 조작하고 왜곡했다. 충분한 위로가 되었을 거라고, 할 수 있는 게 무어냐고 변명했고 합리화했다. 모를 수 없었으나 모르는 척했던 그 시간을 마음대로 편집하고 위조하여 미화했다.

남겨진 사람의 슬픔이 배려받지 못하고, 고통당하는 인간이 되레 조롱당하는 지독한 여름이었다. 인간에 대한 예의 없음에 침묵으로 일관한 나는, 뒤돌아서서 냉소하고 분노하며, 좌절했다. 이유 없이 화를 냈고 쉽게 절망했다. 최소의 용기조차 내지 못한 대가는 이십 대를 관통해서 삼십 대 전부를 쏟아붓고도 계속되었다. 인간에 대한 혐오, 나에 대한 분노, 부끄러움, 나서야 했을 때조차 몸을 사렸던 괴로움은 수치심으로 삶의 일부가 되었다.

조용한 장례식장, 듬성듬성 앉아 있는 조문객, 표정을 읽을 수 없는 영정 사진. 아들을 잃고 아슬아슬하게 걷던 초로의 신사를 떠올렸다. 지금쯤 지옥에서 벗어났을까? 차마 꺼낼 수 없었던 무수한 사연은 이곳에 버려두고 가셨을까? 이미 산화되어 버린 그에게 죽음은 고통이었을까? 축복이었을까? 그가 견뎌 온 시간을 반추하다 보면, 평안을 바라는 일조차 죄스럽게 느껴진다. 도망치듯 빠져나온 그해 여름을 떠올린다.

이야기 둘

“그 사건 이후로 아무리 먹어도 배가 고파요.” 어린 남자가 말했다. ‘그 사건’이라는 말을 남자 입을 통해 듣게 될 줄 몰랐으므로, 순간 멈칫했다. 남자의 아비가 거실 난간에 목을 맨 지 넉 달 만의 일이다. 다행이라고 해야 하나, 아니면 지독하게 운이 없었다고 말해야 하나… 남자의 아비는 그날 이후, 저세상으로 떠나지도, 이생으로 돌아오지도 못하고 있다.

남자가 침묵 속에서 생사를 가늠하는 동안, 어린 남자는 중학교를 졸업했다. 어미와 여동생에게 졸업식장에 오지 말 것을 연거푸 다짐받은 후에야 어린 남자는 느지막이 학교에 갔더라고 했다. 초등학교 졸업식날 추어탕 먹은 일을 두고두고 투정 부렸던 어린 남자에게, 돼지갈비를 사 주겠다고 호언장담했던 남자였다. 그는 이번에도 약속을 지키지 못했다.

어린 남자보다 네 살이 적은 여동생에 대해 가끔 듣곤 했다. ‘그날 이후’ 어린 여자는 자다가 일어나서, 벽에 머리를 찧고 이마에 피가 맺혀도 멈추지 않는 일이 하루 걸러 한 번씩 있었다고 했다. 처음엔 뜯어말렸고, 그 다음에는 욕하며 겁을 주었지만, 소용없었다고 했다. 더는 놀랄 일이 없을 걸로 생각했던 어린 남자는, 여자의 모습을 보고는 그 자리에 선 채로 오줌을 쌌다고 했다.

양주에서도 40여 분간 버스를 타고 들어가는 시설이라고 했다. 누가 원했는지 알 수 없으나 '그렇게 되었다'고만 했다. 한동안 '괜찮다'는 말만 반복했던 어린 남자는, 어린 여자가 입원하던 날 처음으로 조금 울었다. 꼬박 세 시간쯤 걸리더라고 했다. 마을버스로 나와 지하철을 두 번 갈아타고, 다시 버스를 바꿔 타야 한다고 말했다. 근처에 가게가 없어서 짜증 난다고 했던가? 일주일에 한 번, 주말이면 빼놓지 않고 어린 여자를 만나러 갔다.

평소에는 서로 먹으려 다투고, 앙칼진 소리로 덤비던 여자가, 저 좋아하는 걸 가져가도 먹지 않더라고 했다. 포도 맛 젤리도, 초콜릿 빵도, 풍선껌조차도 거들떠보지 않았다고 했다. 어렵게 구한 '허니 버터칩'을 인심 쓰듯 내주었으나 소용없더라고 말했다. '다음 주에는 우리 집에 가자'라고 말해도, 소리 없이 웃기만 했단다. 이러다 아예 돌아오지 않으면 어쩌느냐고 어린 남자는 걱정했다.

몇 달째 호흡기에 의지해 꼼짝 않고 있는 남자의 아내이자, 어린 두 아이 어미는 한동안 말을 잃었다고 했다. 울지도 않고, 화내지도 않고, 며칠째 잠만 잤다고 했다. 어린 남자는 어미가 말을 못 하는 건지, 일부러 그러는 건지 알 수 없었다고 했다. 텔레비전 소리를 크게 틀어 보고, 냉장고 문을 활짝 열어 두고 나갔다 와도 아무 말 하지 않더라고 했다. 드라마를 틀어 놔도 동요하지 않았고,

온종일 컴퓨터 앞에 앉아 게임을 하고 있어도 꿈쩍하지 않더라고 말했다.

긴 침묵을 뚫고 어미가 내뱉은 첫 말은 '뭐 먹을래? 배고프지?' 였단다. 어미가 말을 되찾았을 때, 그들은 마을버스를 타고, 지하철을 두 번 갈아탄 후 남산 초입에 있는 원조 돈가스집을 찾아갔다고 했다. 세 사람이 둘러앉아, 말없이 각자의 분량만큼 먹어 치웠다고 했다. 평소 좋아하지 않던 달짝지근한 소스에 범벅된 채소까지 싹싹 긁어 먹었노라고 했다. 그러나 배가 부르지 않더라고, 이상하다고 어린 남자는 말했다.

그 이후로도 틈만 나면 인천 차이나타운을 찾아가 자장면을 먹었고, 돌아와서는 푹푹 삶아 낸 수육을 간식처럼 먹었다고 했다. 면회하고 돌아오는 길, 여자가 먹지 않았으므로 도로 가져온 식은 피자를, 두 사람은 말도 없이 전부 먹어 치웠다고 했다. 어미도 피자를 좋아한다는 걸 처음 알았다고 어린 남자는 웃으며 말했다. 무엇에 홀린 듯 매일 밤낮으로 햄버거와 피자를, 치킨과 떡을 잔뜩 구해 온 어미는, 남아 있는 어린 남자에게 허겁지겁 먹였노라고 했다.

그 남자가 고요함 속에서 미동조차 하지 않는 동안, 어린 남자는 12kg이 늘었다. 군것질이라면 질색했던 그 남자의 빈자리는 넉 달 만에 살이 불어 버린 어린 남자가 대신했다. 아무리 먹어도 배고픈 어린 남자를, 틈만 나면 벽에 머리를 찧고 자해하는 어린 여자를, 겁에 질린 듯 서둘러 먹이를 가져오는 어미를 보고 있노라면, 도대체 인생은 왜 이토록 잔혹한가 싶다. 어쩌라고, 그 남자는 그렇게 떠났으며, 어쩌자고 남은 이들은 이토록 갈피를 잡지 못하는가.

어린 남자는, 아비의 선택을 짐작하고 있었노라고 덤덤하게 말했다. 몇 해 전부터 부쩍 술 취한 날이 많았다고 했다. 잠든 척하고 있어도 기어이 불러냈단다. '내가 가면, 니가 가장이다'라고 입버릇처럼 말했다고, '내가 없어도 울지 말고, 동생 잘 돌보고 엄마 챙기라'고 웅얼거리며 되풀이했단다. '대답해라' 다그쳤고, 자백하듯 '네' 하는 소리를 들어야 안심하고 잠들었다고 했다. 그러므로 언젠가는 일어날 거였다고 했다. 다만, '그 언제'가 이렇게 빨리 올 줄은 몰랐다고 말했다.

짐작처럼, 어린 남자는 울지 않았다. 적어도 내가 듣고 본 바로는 그렇다. 어린 동생이 입원하던 날 잠깐 보인 눈물이 전부다. 악착같이 아비와의 약속을 지키고 싶었을 것이다. 어린 남자는 여전히 아비가 사 준 자전거를 탈 수 없다고 했다. 또다시 동생이 벽에 머리를 찧을까 봐 전전긍긍한다. 어미 표정을 살피고, 과장되게 웃으면서도 온 신경은 남겨진 두 여자를 향해 있다. 무섭다, 두렵다, 서럽다, 분하다, 화난다, 억울하다, 속상하다. 한마디 말이 없다.

어린 남자는 오늘도 제 삶과 아비 삶을 오가며 위태롭게 살고 있다. 아비가 살아 내지 못한 분량을 묵묵히 짊어지고 있다. 숙명이라고 받아들였을지 모른다. 그렇게 믿지 않으면, 온전히 자기 몫의 삶을 살지 못하는 현재를 견딜 수 없을 거라 직감했을지도 모르겠다. 피를 봐야만 잠잘 수 있는 어린 여자와 남겨진 아이들에게 연신 먹이를 가져오는 말 잃은 어미보다, 울지 못하는 어린 남자 때문에, 그 남자를 대신해 나는 가끔 운다.

이야기 셋

선배를 만났다. 꽤 오랜만의 일이다. 한동안 모든 사람과 연락을 단절하고 일에만 몰두한 채 몇 해를 살았던 이였다. 그녀를 염려하고 걱정했으나, 누구도 이렇다 할 방법을 찾지 못했다. 그녀의 원대로 '찾지 않고, 묻지 않고, 궁금해하지 않고, 연락하지' 않았다. 가끔, 이렇게 무심해도 괜찮을까 싶었지만, 선뜻 나서기도 뭐했으므로, '연락 오겠지' 했다. 잊고 지내다 문득 생각나면, 누군가 대신해 주길 바라며 또 기다렸다.

그녀는 아들을 잃었다. 한 5년쯤 되었을까. 정확한 날짜가 기억나지 않는다. 다만 잃었다는 표현보다 버려졌다는 말이 정확하다는 건 잊지 않았다. 평범한 고등학생이던 아들은 평범했던 어느 날, 평범한 저녁을 먹은 후 방으로 들어갔다고 했다. 그리고 자정을 넘긴 즈음 투신한 채 발견되었다. 유서도 없었고, 휴대폰을 아무리 뒤져 보아도 단서를 찾지 못했다고 말했다. 선배와 가족들은 믿을 수 없었고 넋을 잃었다. 주변 모두 망연자실했다.

무언가 있었을 거라는 의심이, 수많은 의혹을 만들고, 저마다 쏟아 낸 추정이 되레 맥을 못 추게 했다. 실족사 한 거라고 가족은 믿기로 했다. 주변에서도 같은 생각이었다. 사고이므로 어쩔 수 없었다고 남겨진 사람들은 서로를 다독였다. 스스로 선택한 게 아니라는 생각만이 유일한 위안이 되던 때였다. 서로 속였고, 그러다 보니 사실로 믿게 되었다. 그래야만 버틸 수 있는 시간이었다.

오래가지 않았다. 서로를 감쌌던 만큼, 상대를 비난했다. 억지로 이유를 만들었고, 잔인한 말과 행동으로 할퀴었다. 부부가 헤어지기로 한 이유가, 아들 때문이 아니라고 선배는 몇 번을 되풀이했다. 딸이 캐나다로 서둘러 떠나자, 그녀는 다시 일에 몰두했다. 아들 장례를 치르고도 바로 복귀했던 그녀였다. 감히 아무 말도 할 수 없었던 사람들은 침묵했고, 차라리 잘한 일이라고 숨죽여 이야기했다. 더러는 지독하다, 제정신 아니다, 불쌍해서 어쩌나 우왕좌왕했다. 그녀만이 대수롭지 않은 듯했다.

'언니가 이상해…' 간혹 밑반찬을 만들어 가곤 했던 이가 걱정스러운 목소리로 말했다. 그녀가 아들과 살고 있다고, 사람들이 믿는 이유를 알았다고 했다. 아들이 안 하던 반찬 투정을 한다는 이야기를, 시끄러운 걸 싫어해서 드라마도 잘 못 본다는 말을 아무렇지 않게 하더라고 했다. 처음엔 장난인가 싶었다가 '왜 그래, 왜 그래'라고 재차 말해도, 되레 이상하다는 표정을 지었다고 했다.

한시름 놓았던 우리는 마음이 급해졌다. 현실 접촉을 못 하고 있으니, 검증 능력이 상실되었으니, 외상 후 스트레스 장애임이 틀림없으니, 점점 악화되고 있으니, 속히 입원시켜야 한다고 말했다. 저러다 큰일 나겠다고, 오랫동안 내버려 둔 걸 자책했다. 주변 모두 갈피를 잡지 못했다. 평온함을 유지하는 유일한 사람은 선배뿐이었다.

함께 저녁을 먹는 자리에서 선배는 약속 있는 사람처럼 연신 시계를 보면서 안절부절 못했다. '다른 약속 있어요?' 물어도 '빨리 가야지, 집에 가야지'만 되풀이 했다. 집으로 가는 지하철을 기다리면서 그녀는 말했다. '죽기 전에 사인을 보낸다지? 나는 왜 눈치채지 못했을까? 마지막 순간에도 말하기 싫었나?' 혼잣말처럼 내뱉고는 지하철 안으로 총총 사라졌다.

그리고 남은 이야기

사람들이 게워 낸 감정을 들여다봅니다. 분노, 혐오, 슬픔, 배신감, 무력감, 우울, 불안, 초조, 강박, 미움, 짜증, 사랑, 우정, 질투, 행복, 설렘, 흥분, 자격지심…. 두서없이 흩어진 것에 하나하나 이름을 붙입니다. 그때야 감정이 또렷하게 살아납니다. 관습적으로 살다 보면 감정을 세분화해서 인식하기란 쉽지 않습니다. 이름을 얻지 못한 감정은 여기저기 떠돌다 문제를 일으킵니다. 어린아이와 다르지 않습니다. 무관심하고 외면할수록 더 크게 존재를 과시합니다. 불쾌하고 피하고 싶은 정서일수록 이름을 불러 주고, 달래 주고, 물어보고, 다독여 주어야 하는 이유입니다.

타인의 고통을 듣는 직업을 가진 것은 다행일까, 불행일까 생각했던 때가 있습니다. 여전히 슬럼프는 찾아오고, 낯선 곳을 유랑하는 제 모습을 상상하면 짜릿하고 즐겁습니다. 때때로 이직을 꿈꾸고 실행력이 부족한 저 자신을 탓합니다. 하지만 아픔을 견디고 상처를 극복해 가는 이들의 '목격자'가 되는 경험은 무엇보다 경이롭습니다. 그들을 통해 배우고 힘을 얻습니다. 고마운 만남이고 감사한 시간입니다. 세상에는 좋기만 한 일도, 나쁘기만 한 일도 없는 듯합니다. 어떠한 일에나 양면이 있습니다. 지독한 경험도 어느 순간 약이 되고, 최고의 순간에도 그림자가 존재합니다. 지금 행복도 영원하지 않겠지만, 현재 고통에도 분명 끝은 있습니다.

글을 읽고 있는 당신 역시 크고 작은 아픔을 겪어 왔을 테지요. 왕따, 무력감, 우울감, 학업에 대한 부담감, 실연의 상처, 미래에 대한 불안, 부모 실직 혹은 파산, 이혼, 경제적 궁핍, 결핍, 질투, 외로움, 배신…. 그 외에도 수많은 이유가 있었을 겁니다. 실수투성이라고, 앞날이 막막하다고 느끼고 있을지도 모르겠습니다. 혹시 모두 끝내 버리자고 마음먹진 않았나요? 섣부르게 이해한다고 말하지 않겠습니다. 괜찮을 거라고도 하지 않겠습니다. 그건 무책임한 거짓말이니까요. 다만, 그럼에도 우리, 기죽지 말았으면 좋겠습니다. 반성이라는 이유로 지나치게 자책하지도 말았으면 합니다. 우리는 많은 것을 견뎠고, 지금도 관통해 나가고 있을 뿐입니다.

스스로 자기 삶의 목격자이자 증언자가 되어 주시길 바랍니다. 타인의 고통에도 공감하고 함께 울 수 있는 참여자가 되어 주십시오. 어디선가 이 글을 읽고 있을 당신에게, 견뎌 내고 버티고 있을 당신에게 특별히 고마움을 전합니다.

윤여덕

(사)한국의재발견 대표, 성균관 선비인성학교 교수. 경제학, 성리학(유학), 문자학(한자)를 공부했다. '조선의 사상과 문화를 현대적 관점에서 바라보거나 해석하기', '성리학이 의미하는 인간 본성'에 관해 강의를 하고 있으며, 특히 문자(한자)의 형태가 가지고 있는 의미를 문화적으로 이해하는 연구와 강의를 하고 있다. 저서로는 『마음에 담는 작은 학문』이 있다.

15

조선의 교육, 조선의 인문

현대는 다양한 문화, 이념, 가치가 공존하는 세계이다. 모든 역사에는 시대를 지배하는 주류 이념과 사상이 있다. 특히 유학은 동북아문명의 가장 오래된 사상으로 조선의 지배 이념과 가치였다. 아직도 생활의 곳곳에 잔존하는 유학의 이념과 가치에 대해 담론이 이어지고 있다. 그만큼 생각하고 배워야 할 것이 많다는 증명인 것이다. 시대를 공유하는 이념과 가치는 문화가 된다. 현대를 살면서 문화를 통해 과거의 이념과 가치를 바라보는 것이 일반적인 형태이다. 현재의 생각과 인식으로 다른 역사를 바라보고, 다른 시간을 바라보고, 다른 공간을 바라보고, 다른 세대를 바라본다. 교육되고 훈련되고 습관화된 현재 관점으로 과거를 바라보는 데 익숙한 것이다. 이러한 관점에서 벗어나 과거의 인식으로 현재를 바라보는 것도 중요한 의미가 있는 것이다. 특히 유학

중심의 조선의 관점에서 현재를 바라보는 시도는 현재를 새롭게 인식하는 기회가 되는 것이다. 조선의 이념인 성리학(性理學)은 자연 원리로 만들어지는 만물과 인간의 본성에 관한 철학이다. 만물이 존재하는 자연 원리와 인간이 가지고 있는 인간 본성에 대해 연구하는 학문이다. 이러한 학문을 통해 제도나 문물을 만들어 태평성대를 누리는 세상을 추구하였다. 성리학(性理學)은 '인간의 본성과 가치는 무엇인가?', '우리는 어디서 와서 어디로 가는 것인가?', '어떻게 살아야 하는가?'라는 인간의 존재와 가치에 관해 인문학적 사유와 자연을 활용하는 지혜를 터득하여 더불어 사는 세상을 지향하고 있다.

변화는 새로운 사회 질서를 요구한다. 새로운 질서는 인간의 문화적 산물로 나타나고 발전한다. 동북아역사에서 변화를 필요로 하고 새로운 질서를 추구하기 위해 유학을 새롭게 해석하고자 했던 시대가 중국 송나라이며 학문적 결과가 성리학(性理學)이다. 성리학(性理學)은 만물과 인간이 존재하는 원리가 리(理)이며, 만물을 만드는 물질을 기(氣)로 설명한다. 그러한 자연에서 만들어지는 가장 위대한 것은 인간으로 정의한다. 인간이 위대한 것은 인간다운 가치인 인의예지(仁義禮智)를 타고나기 때문이다. 인간에게 내재되어 있는 인의예지(仁義禮智)는 사랑하는 마음, 부끄러운 마음, 양보하는 마음, 분별하는 마음이다. 그래서 하늘이 만들고 땅이 기르는 만물에서 사람이 가장 위대하다[天之所生 地之所

養 惟人爲大(천지소생 지지소양 유인위대)]고 한다. 인간이 위대한 것은 인의예지(仁義禮智)의 타고난 본성이 가치를 발현하는 인간다움으로 인간관계를 밝게 해 주는 윤리가 있기 때문이다. 또한 인간이 가지고 있는 본성에 관해 인간의 존엄과 가치를 이해하고 인성교육의 새로운 방향을 제시하고 있다. 주자가 집대성한 성리학은 소학, 대학, 중용을 새롭게 해석하여 현실에 적용한다. 특히 소학은 교육을 바로 세우고, 인간관계를 위한 윤리를 밝히고, 자신을 끊임없이 수신(修身)할 것을 요구한다. 성리학(性理學)은 자연의 생성원리나 인간 본성의 가치를 표현하고 자연이 창조되는 태극(太極) 원리, 자연구조나 구성물질에 대해 철학으로 정립한다. 대표적 성리학자들로는 주돈이(周敦頤), 소강절(邵康節), 장횡거(張橫渠), 정호(程顥), 정이(程頤), 주희(朱熹)이다. 특히 주자로 알려진 주희(朱熹)는 다른 학자들의 사상을 자연학과 인간학으로 통섭하여 성리학을 집대성하였다. 궁극적으로 성리학은 타락한 사회 윤리를 부흥시키기 위해 유학에 대한 재해석을 시도한 철학이다.

인간 본성에 대해 본질적으로 이해하고 인간의 존엄과 가치를 중요하게 여긴 성리학(性理學)은 인간 본성은 하늘의 명령으로 부여되었고 서로 연결되어 있다고 사유한다. 그것이 사단(四端)인 인의예지(仁義禮智)이다. 사랑하는 마음인 인(仁), 부끄러움을 느끼는 의(義), 양보하고 배려하는 예(禮), 옳고 그름을 구별하는 지

(智)는 서로 연결된 가치이다. 인간관계에서 인간이 가지고 있는 인의예지(仁義禮智)의 인성을 발현하는 것이 인간다운 가치를 실현하는 것이다. 이러한 인간다운 가치의 실현이 하늘의 뜻인 천명(天命)을 따르는 것이다. 인간다운 가치는 인간이 관계하는 과정에서 나타난다. 인간다운 가치가 잘못 나타나는 것은 인성이 잘못된 표출인 것이다. 인성이 제대로 나타나는 것이 인간다운 가치이고 인간답게 사는 것이다. 인간관계에서 나타나는 인의예지(仁義禮智)의 네 가지 마음을 측은지심(惻隱之心), 수오지심(羞惡之心), 사양지심(辭讓之心), 시비지심(是非之心)으로 표현한다.

인(仁)은 측은하고 사랑하는 마음인 측은지심(惻隱之心)이다. 측은하고 사랑하는 마음이 발생하는 것은 사랑하는 마음을 가지고 있기 때문이다. 내가 알지 못하는 사람이 어려움을 당하고 있을 경우에 도움을 줄 수 있는 마음이다. 이러한 마음을 가지고 행동하는 것은 결과를 바라지 않는다. 대가를 원하고 하는 행동이 아닌 것이다. 의(義)는 옳은 마음으로 외부의 영향으로 나타나는 부끄러운 마음인 수오지심(羞惡之心)이다. 부끄러운 마음이 발생하는 것은 사람이 옳지 않은 것을 행하는 경우에 나타나는 것이다. 이해 관계가 있고 이득이 발생하는 경우 옳지 않은 방법을 사용하고 이득을 취하는 경우에 부끄러움을 느끼는 마음이 없다면 옳음을 행하기 어려운 것이다. 옳지 않는 마음에 부끄러움을 느끼는 것이다. 예(禮)는 좋은 관계를 유지하기 바라는 마음인 사양지심(辭讓之心)이다. 관계에서 발생하는 다양한 감정을 다스리기 위한 방법이 예(禮)이다. 예(禮)를 중요하게 여긴 이유는 자신이 아집과 편견으로 생기는 다양한 감정을 조절하는 방법이다. 지(智)는 이해 관계를 분별하는 마음인 시비지심(是非之心)이다. 이익이 있는 상황에 이해가 충돌하는 경우 분별하는 마음이 필요하다. 옳고 그름을 판단하는 분별하는 마음은 이해가 충돌하는 경우 분별력을 가지고 더 좋은 관계를 유지하는 것이다. 마지막으로 믿을 신(信)은 타고나는 것이 아니고 인간이 관계하면서 발생하는 것이다. 믿음은 본성으로 타고나는 것이 아니고 인의예지(仁義禮智)의 본성에 기반하여 발생한다. 더 좋은 관계를 유지할 수 있는 것은 믿음에 기초한다. 사랑하고, 부끄러움을 느끼고, 양보하고 분별하는 마음을 통하여 믿음이 만들어지는 것이다.

인간관계에서 윤리성을 부여한다는 것은 누구나 인간은 부모와 자식, 어른과 아이, 스승과 제자 등 관계에서 살아간다. 관계를 원활하게 하고 질서를 유지하며 소통을 위해 윤리를 강조한다. 인간관계를 윤리성이 있는 질서로 표현한 것이 오륜(五倫)이다. 오륜(五倫)은 부끄러움이 없는 상하를 군신유의(君臣有義), 아버지의 자애로움은 부자유친(父子有親), 가정을 화목하게 이끄는 부부간 결속을 뜻하는 부부유별(夫婦有別), 생활 속의 질서를 말하는 장유유서(長幼有序), 신뢰를 쌓아 가는 친구 간의 붕우유신(朋友有信)이다. 오륜(五倫)은 관계를 좋게 하기 위한 윤리성이 포함된 행동과 실천을 강조하는 가치이다. 이러한 윤리가 아직도 유효하고 중요하다면 조선 사회와 현대 사회의 윤리를 비교하여 나타나고 있는 문제점을 개선할 수 있는 것이다. 과학과 문명의 발전은 가족의 질서가 파괴되고, 상하 간에는 좋지 않은 거래로 불미스러운 관계로 발전하고, 규범과 질서가 혼탁해지고, 친구 간에는 협동이 아니라 경쟁만 존재하는 현상에 익숙해져 있다. 생활 양식의 변화와 더불어 의식이 변화되어도 관계를 맺고 살아가는 인간 가치는 중요한 것이다.

인간관계의 가치를 표현한 오륜(五倫)이 가지는 가치와 의미가 중요한 이유이다. 오륜의 첫 번째인 父子有親(부자유친)은 부모와 자식의 관계에서 부모는 하늘과 땅으로 비유한다. 인간은 자연인 하늘과 땅에 기대어 산다. 하늘은 땅에 영향을 주고 땅은 하늘에 영향을 주는 것이다. 하늘과 땅은 서로 영향을 주면서 결과를 만들어 낸다. 하늘과 땅이 만들어 내는 가장 중요한 것은 자식과 이루는 관계이다. 그래서 부모는 사랑하고 자식은 효도하는 부자자효(父慈子孝)의 의미가 있다. 두 번째인 군신유의(君臣有義)는 임금과 신하의 관계이다. 사회 관계는 상하 관계로 존재한다. 계급적인 질서인 군신 관계는 의(義)가 존재하는 것이다. 명령을 내리고 수행하는 관계에서 의(義)는 부끄러움을 서로 인식하는 것이다. 올바른 것을 수행하도록 요구하는 명령과 올바른 명령을 수행하는 상하관계는 백성을 위해 부끄러움이 없이 수행하는 君令臣共

(군령신공)의 의미가 있다. 세 번째는 부부 관계인 夫婦有別(부부유별)이다. 부부는 각자의 역할은 다르지만 합쳐야 완성되는 것이다. 부부는 구분이나 분별보다 역할이 합해지는 것이다. 사람의 육체는 뼈와 살로 이루어지듯이 별(別)에는 뼈와 살과 같은 역할을 담고 있다. 이러한 역할이 남편은 가정을 온화하고 화평하게 하고 아내는 부드럽고 유순하게 조화를 이룬다는 夫和妻柔(부화처유)의 의미가 있다. 네 번째는 상하의 질서 관계인 長幼有序(장유유서)이다. 상하의 형과 아우에 해당되며 사회생활의 질서를 유지하는 관계이다. 어른과 아이가 지켜야 하는 질서는 순서이다. 순서인 질서는 약자를 배려하는 것이다. 어른은 사랑하는 마음으로 대하는 것이고 어린이는 어른을 공경하는 마음으로 맞이하는 의미가 兄愛弟敬(형애제경)이다. 다섯 번째는 친구 간의 신뢰이다. 믿음의 가치는 모두에게 필요한 가치이나 특히 친구 간에 요구하고 있다. 믿음의 가치는 타고나는 것이 아니고 가정에서 사회로 진출하기 위해서는 학교에서 교육을 받는 과정에서 형성되는 것이다. 배움이 필요한 시기에 맺어지는 친구 관계에서 만들어지는 믿음의 중요성을 강조하고 있는 것이다. 이러한 믿음은 사회생활에서 기본적이며 필수적으로 가져야 하는 내용이다.

인간은 태어나면서 관계와 질서를 배우기 시작한다. 관계가 형성되고 질서를 유지하기 위해 소통이 필요하다. 소통의 가치는 인간의 윤리성이 밑바탕이 되어야 한다. 그래서 소통이 되지 않는 상태는 관계가 어려워지는 것이다. 현대의 복잡한 생활은 소통하는 대상이나 형태도 다양화되고 복잡해진다. 대상에 따라 의미를 부여하고 소통하는 방법을 달리한다. 갈등이 표출되는 상황은 국가나 지역의 문제를 넘어 나타나는 폐해는 소통의 중요성을 일깨워 준다. 어려운 상황에서 문제를 회피하는 것은 진정한 소통이 아니다. 진정한 소통은 인간관계에 대한 진정한 의미가 무엇인지 이해하여야 한다. 현상이나 문제를 해결하기 위해 의견을 교환하는 것이 소통하는 방법을 찾아내는 것이다. 가정, 학교, 사회에서 올바른 윤리나 가치가 밑바탕이 된 행동은 성숙한 사회가 되는 길이다. 전통적 가치인 오륜을 통해 새로운 해석과 정립으로 윤리를 회복하는 방법을 찾아야 한다. 그것은 내가 하기 싫은 것은 타자도 싫어할 수 있고, 남을 인정할 때 나를 인정하게 되는 관계가 성립되는 것이다.

소통으로 원활한 관계를 유지하기 위해서는 마음을 바르게 하고 응대하는 것이 중요하다. 이러한 자세와 행동은 집안에서는 효를 지향하고 밖에서는 공손함을 지향한다. 이러한 모습은 상황에 따라 다르게 자아를 성숙시키는 것이다. 일상의 모습은 생각과 용모를 건전하게 유지하고 부단히 스스로를 갈고 닦는 수신하는 자세가 필요하다. 용모는 발 끝에서 시작하여 얼굴의 모습까지 외모와 관련된 내용이다. 이러한 방법은 사람을 만나는 대인관계에서 보다 좋은 모습으로 사람을 대하게 된다. 그러나 행동과 자세를 보여 주기 위한 노력은 스스로 성숙시키는 과정이다. 삶에서 타인에 대한 배려하는 행동은 신뢰 관계가 형성되는 것이다. 외적인 용모와 더불어 내적인 생각하는 방법도 필요하다. 생각은 생활 태도와 일치시키고 순리에 맞아야 한다. 밝게 보고 진지하게 듣는 자세, 따듯한 모습, 공손한 태도, 신중한 일 처리, 본질을 이해하는 문제의식, 부끄럽지 않은 일의 결과는 행동과 실천에 관한 내용이다. 이러한 모습은 지속적이고 반복적으로 수양하여 생활화하는 것이다. 외형과 내면을 키우기 위해 몸과 마음을 함께 수양하고 단련하는 것이다. 지속적이고 반복적으로 몸과 마음을 소중이 여기는 것이 경신(敬身)인 극기복례(克己復禮)이다. 자기를 극복하는 예(禮)에 대한 인식은 형식적인 행동 규범으로 인식한다. 그러나 예(禮)는 자신의 아집과 편견을 버리기 위해 행동하는 가치이다. 관계하는 대상에 따라 나타나는 다양한 감정을 스스로 조절하기 위해 예(禮)가 필요한 것이다. 예(禮)는 변화되는 시대의 생활양식에 따라 변화한다. 시대 변화는 의식주의 패턴을 변화시켰고, 일반적 주거 형태인 아파트는 공동거주 형식이지만 공동체 의식은 사라지고 있다. 변화하는 인식과 행동은 타자를 배려하는 생활에도 심각한 영향을 주고 있다. 자신의 아집과 편견으로부터 자신을 유지하는 행동규범인 예(禮)는 스스로를 다스리는 경신(敬身)의 가치이다.

브레이크 없이 질주하는 과학의 발달은 인간 본성의 상실 문제는 물론 인간의 정체성 문제도 새롭게 제기되고 있다. 이러한 문제와 더불어 다양한 문화와 이념 그리고 종교의 대립으로 생기는 문제와 갈등도 심각해지고 있다. 이러한 현실에서 인간 본성(人性)과 인간성 회복을 위한 방법으로 과거의 이념과 가치로 현재를 바라보아야 한다. 조선의 이념과 가치인 성리학의 중요성을 이해하고 현재의 상태를 바라보는 것이다. 성리학을 받아들이고 문화를 꽃피우기 시작하는 시기가 세종이다. 백성을 교화하기 위한 문자의 창제로 한글을 만들었고, 농업에 필요한 시간과 계절을 활용하는 해시계, 물시계, 역법을 만들었고, 건강을 위한 의학 등 다양한 문물을 창조하였다. 왕이 존재하고 권력이 세습되는 조선은 사회지도층이 신분으로 정해져 있는 신분제 사회이다. 신분상승이 이루어지지 않는 사회 지도층은 결정되어 있고 그들만이 특권을 가진다. 거기에는 권력이 존재하고 부가 존재한다. 이러한 사회제도를 근간으로 이루어진 사회가 조선이다. 그러나 사회지도층이 결정되어 있는 사회에서 미래 사회를 이끌어 가는 사회지도층이 모범이 되는 교육은 엄격하게 실시되었다.

상업자본이 형성되고 자본을 통해 권력을 얻기 시작하면서 봉건 질서가 무너지기 시작한다. 자본주의가 발달하면서 의사 결정을 위한 민주주의가 발달하여 정치제도는 민주주의가 되고 경제제도는 자본주의가 되었다. 민주주의와 자본주의는 인류가 만들어 낸 가장 좋은 제도이다. 이러한 제도에 모순이 생기기 시작하였다. 백성이 주인인 민주주의는 백성이 외면하고 참여하지 않는다. 또한 백성이 준 권력을 백성을 위해 사용하는 것보다 권력을 가진 소수를 위해 사용되면서 정치에 혐오감을 가지면서 정치 참여는 더욱 저조하게 되었다. 참여를 통해 자신의 의사를 반영하는 민주주의는 자신의 권한을 포기하고 있다. 나를 다스리는 권력을 견제하고 권력을 교체하는 힘을 스스로 포기하고 있다. 권력이 행하고 있는 내용이 올바로 이행되고 있는지 관심과 참여가 이루어지지 않고 있다. 자본주의는 자본의 중요성을 더욱 가치 있는 것으로 평가한다. 사람이 함께 모여 일하는 집단이 기업이다. 기업에서 일하는 사람은 기업의 중요한 핵심으로 부가가치를 창출하고 임금을 받지만 의사 결정에는 배제된다. 기업 가치가 떨어지면 구조조정을 통해 일자리를 박탈당하고 그것은 개인의 책임이 된다. 기업의 주인인 사람은 더 이상의 기업의 주인이 아닌 것이다. 기업 가치를 올리는 사람보다는 자본에 더욱 많은 가치를 부여한다. 분명한 것은 기업의 가치를 올리는 사람의 가치가 배제된다는 것이다. 더 많은 성과를 올리기 위해서 기업 내부의 동일한 일을 다른 기업에 업무를 전환하여 고용에 대한 부담을 줄인다. 기업 가치를 올려주는 사람이 조정 대상이 되는 모순이 드러나고 있는 것이다.

산업이 발달하면서 인류 전체의 공동 자산인 환경이나 자원 고갈의 문제는 생각하지 않는다. 지역과 종교와 이념에 따라 자신의 이익을 위해서는 다른 집단의 피해와 고통은 자신의 직접적인 문제가 되지 않는다. 인간은 태어나면서 그 자체로 인간의 존엄과 가치가 존중되는 방향으로 제도가 운영되어야 하나 다수 집단의 이익을 위해서는 소수 집단의 피해를 외면한다. 이익을 위해서는 다른 사람의 불이익은 외면되는 불공정한 상황을 민주주의가 포함하고 있는 것이다. 불합리와 모순을 개선하여 더욱 좋은 상황을 만들고자 하는 민주주의는 공유와 대립이 공존하고 있다. 그러나 거기에는 전제되어야 하는 것이 있다. 힘없는 사람의 보호는 적극적으로 반영되어야 한다는 것이고, 힘이 있는 지배층의 권한은 잘못 사용되지 못하도록 제한되어야 한다는 것이다. 이렇게 하여 궁극적으로 사회 구성원의 적극 참여는 경쟁력을 키우는 것이다. 국민을 보호하는 권력은 인간의 존엄과 가치를 존중하여야 한다. 이러한 인간의 존엄과 가치를 존중하는 인간관계를 통틀어 인간을 위한 경영이어야 한다. 사회 구성원이 창출하는 가치는 자본 가치를 전제로 하지 않는다. 자본에는 부가가치를 포함하지 않기 때문이다. 사람이 부가가치를 창출하는 것이지 자본이 가치를 창출하지 않는다. 가치를 창출하기 위해 자본이 필요한 것이지 자본이 가치를 창출하지 않는다. 진정한 가치는 인간에 의해서 창출되는 것이다. 가치를 창출하는 데 어떤 기여도 하지 않은 자본이 창출된 가치에 대한 배분이 공정한 것인가에 대한 담론은 가치의 정당한 배분에 관한 논의이다. 이익을 추구하는 집단에 대해서도 통제 시스템이 필요하다. 기업의 이익이 불특정 다수에게 배분된 경우는 없었다. 그러나 손해가 발생하면 불특정 다수가 마련한 세금으로 기업을 위해 사용하는 것이 민주주의 이념과 가치에 적합성 여부를 고려하여야 한다. 역사는 기록하고 있는 것을 평가한다. 역사는 인간에 의해서 평가되고 재조명되는 것이다. 인간이 집단을 이루어 산다는 것은 위협으로부터 보호받고자 하는 속성을 가지고 있다. 보호해 주는 대가로 지배자는 권력을 가진다. 피보호자가 권력을 주는 제도로 인류 역사상 가장 좋은 제도가 민주주의이다.

역사적으로 국민을 지배하는 다양한 권력이 존재하였다. 고대사회부터 현대까지 권력은 다양한 형태로 존재하면서 백성으로부터 인정받아 권력을 사용하였다. 제사장을 중심으로 하는 고대사회의 권력은 스스로 권력에 대한 정당성을 증명하였다. 하늘의 뜻을 받아 인간을 다스리는 권력이 제정일치 사회이다. 그러나 인간의 사고가 발달하면서 권력은 다양하게 발전되었다. 현대 사회는 백성을 지배하는 권력의 정당성을 가지기 위해 나를 지배하는 권력자를 내가 선출하는 민주주의가 발달하였다. 권력을 가지고 싶은 사람이나 집단은 권력을 행사하는 것에 대한 평가를 국민으로부터 받는다. 국민으로부터 받은 권력은 국민을 위해 사용한다는 의미는 국민들이 가지고 있는 인간의 존엄과 가치를 존중해 주어야 하는 것이다. 절대 권력을 소유한 봉건사회의 사회지도층이 가졌던 백성을 위해 일해야 한다는 의식과 국민이 주인인 민주주의 국가의 사회 지도층이 국민을 위해 일하는 방식에 존재하는 본질적인 차이의 인식이 필요한 것이다.

이러한 본질적 차이를 인식하기 위한 지식을 쌓아 가고, 자연의 이치와 원리를 찾기 위해서는 인문학을 완성하는 방법도 중요하다. 인문학을 완성하기 위해 다양한 분야의 학문을 폭넓게 배우는 박학(博學), 의심이 나는 것은 자세하게 묻는 심문(審問), 신중하게 생각하는 신사(愼思), 명확하게 분별하는 논리의 명변(明辨), 진심한 마음으로 실행하는 독행(篤行)이 있다. 문제 해결을 위한 지식과 지혜를 습득하고 소통한다는 것은 의문이 생기면 알게 될 때까지 질문을 그치지 않으며, 핵심을 이해하고 생각하는 창의력을 키우는 것이다. 분명하고 명확한 논리로 소통하고, 진심을 다해서 실행하고, 예(禮)로 존중과 배려를 다하고 정직과 책임 그리고 협동으로 실천하는 것이다. 학문하는 목적은 덕(德)을 밝히고, 백성을 새롭게 교화하여 궁극적으로 선(善)에 도달하는 것을 추구한다. 인간이 최종적으로 추구하는 지선(至善)에 도달하기 위한 삶을 이루는 것이 궁극적인 가치인 것이다. 성리학(性理學)은 이러한 가치를 이루기 위해 평생하고 싶은 일에 뜻을 세우고, 자연의 이치를 알아내고 백성을 위해 사용하는 것이며, 끊어진 학문을 계승하여 교육을 바로 세워 태평성대를 이루기 위해 노력하는 것을 추구한다. 이러한 가치는 인간을 위한 삶을 중심에 두고 있는 것이다. 뜻을 세우고 선(善)을 위해 사용하는 개념이니 두루 인간을 이롭게 한다는 홍익인간(弘益人間)의 개념인 것이다. 두루 인간을 넓게 이롭게 한다는 것은 인간학이 인문학이 되어야 하는 이유이다.

이 도서의 국립중앙도서관 출판시도서목록(CIP)은 e-CIP홈페이지(http://www.nl.go.kr/ecip)에서 이용하실 수 있습니다. (CIP 제어번호: 2016011330)

21세기 청소년 인문학 2

청소년이 좀 더 알아야 할 교양 이야기

2017년 4월 30일 초판 1쇄 펴냄
2020년 3월 15일 초판 3쇄 펴냄

글쓴이 | 강응천, 김현희, 김호연, 박상준, 손향구, 신희선, 양세욱, 원진호
윤여덕, 이강영, 이동학, 이용훈, 이호석, 정용실, 황임경
펴낸곳 | 도서출판 단비
펴낸이 | 김준연
편집 | 최유정
등록 | 2003년 3월 24일(제2012-000149호)
주소 | 경기도 고양시 일산서구 일중로 30, 505동 404호(일산동, 산들마을)
전화 | 02-322-0268
팩스 | 02-322-0271
전자우편 | rainwelcome@hanmail.net
ISBN 979-11-85099-89-7 03100

* 책값은 뒤표지에 있습니다.